JN112914

キャラクターと学ぶ

リアル
日本語会話
―ようこそ前田ハウスへ

山本弘子　松尾恵美　増田アヤ子

この本を手に取ってくださったみなさんへ

日本語の勉強はいかがですか。実際に日本語で会話をするのはとても楽しいことですね。そして、自分の気持ちをうまく伝えられたり、自分らしく話せるようになったりしたら、もっと自信が持てて、楽しくなると思いませんか。

この本は、＜前田ハウス＞というシェアハウスに住む、エリック、ミシェル、エレナ、アダム、グェンという5人のキャラクターと、ハウスのオーナーの前田さん夫妻の物語です。それぞれ、性格も仕事も、国籍もバラバラな彼らが、助け合ったり、けんかしたりしながら生活をしています。

物語は、グェンが前田ハウスにやってくる場面から始まります。
出会ってから、意見や性格の違いを経験し、けんかもしながらお互いを理解していくという、出会い〜衝突〜理解の3つのパートからなっています。

登場するそれぞれのキャラクターは、交流分析という精神分析をもとに設定されています。特徴あるキャラクターですが、実はだれの中にもあり、どこにでもいるユニバーサル・モデルです。自分や友だち、家族に似たキャラクターが必ず見つかるはずです。彼らのキャラクターは、話し方や表現に現れているので、彼らの会話をよく聞いて、声に出してまねしてみましょう。彼らと一緒に泣いたり笑ったりするうちに、いつの間にか、自然な日本語が口から出てくるはずです。

2021年10月
著者一同

▶ 目 次

CONTENTS

無料ダウンロード音声について

 は、音声のトラック番号を表します。
本書の音声はパソコンかスマートフォンでダウンロード＆再生ができます。

パソコン

アルクダウンロードセンターで、商品コード「7021009」か「キャラクターと学ぶ　リアル日本語会話」で検索して、音声データをダウンロードしてください。

アルクダウンロードセンター　https://www.alc.co.jp/dl

スマートフォン

 STEP 1

スマートフォンに無料アプリ「booco」をインストールします。

詳しくはこちら

https://cdn2.alc.co.jp/sa/booco/pdf/howtoboocoj.pdf

 STEP 2

boocoのホーム画面の「探す」から本書を探します

（本書の商品コードは7021009）。
※本サービスの内容は予告なく変更する場合がございます。
あらかじめご了承ください。

ダウンロード版
「教師用マニュアル」について

本書の「教師用マニュアル」はアルクダウンロードセンターより PDF を無料でダウンロードしてご利用いただけます。アルクダウンロードセンターで、商品コード「7021009」か、「キャラクターと学ぶ　リアル日本語会話」で検索して、ファイルをダウンロードしてください。

アルクダウンロードセンター
https://www.alc.co.jp/dl

〜著者より〜

本書は、事前にマニュアルを読んで使用していただくことをお勧めします。

マニュアルには、練習の目的や進め方はもとより、本書を楽しく、効果的に使っていただくためのコツや工夫を載せています。

「何のためにこのディスカッションをするんだろう」と感じられたら、ぜひ、マニュアルを開いてみてください。また、「交流分析」をベースに、キャラクターの性格やコミュニケーションスタイルの特徴も解説しています。学習者の皆さんに、より深く興味を持っていただくための'話のタネ'として、ご活用いただければ幸いです。

Q1. この本の特徴は何ですか？

この本は、交流分析というパーソナリティ理論に基づいてキャラクターを設定し、その性格や心の動きを4コママンガで表しました。これにより、日本語のリアルなやりとりを、キャラクターを借りて楽しく自然に身につけることができます。

Q2. ポイントは何ですか？

日本語には「行間を読む」という言い方があります。それは、言葉以外のメッセージを理解する＝察する、という意味です。「察する」は、日本社会では特に求められ、評価される能力です。この本は、話の流れや、キャラクターたちの人間関係、マンガの表情などから、みなさんが言葉以外のメッセージを読み取り、反応したり考えたりできるようにデザインしています。左ページのマンガを読んだら、キャラの気持ちを想像したり、自分の気持ちと比べたりしてみてください。

Q3. 訳がついているところがあるのはなぜですか？

この本は、キャラクターの話し方にポイントを置いています。ですから、レベル的に難しい表現がある場合、訳をつけました。単語や文法を心配しないで、やりとりの言い方や気持ちに集中して練習してほしいからです。そのため、訳は文章の中での意味（意訳）としました。ですから、興味がある単語を正しく覚えたい場合は、辞書で確認してください。

Q4. 出会い、衝突、理解、の3つに分かれているのはなぜですか？

人間関係は、人と人が「出会い」、近づくと「衝突」し、それを乗り越えると、お互いの悪い点も「理解」して、もっと深い関係へ進みます。この本では、日本語コミュニケーションを学ぶと同時に、そんな前田ハウスの中の人間関係を一緒に体験し、みなさんの日本語生活の参考にしていただきたいと思います。

Q5. この本のゴールは何ですか？

・自分の感情やパーソナリティが誤解されずに伝えられる。
・相手の言葉以外のメッセージが読み取れる（行間が読める）。
・場面や役割によって、見せたい自分を演出できる。
・伝えたいことを、相手が受け取りやすいように伝えられる。

以上が、この本のゴールとして目指すものです。

「キャラクターで学ぶ日本語」が、みなさんの日本語学習と日本語生活を楽しく豊かにする助けとなれば、私たちは最高に幸せです。

Q1. What kind of book is this?

This book employs characters modeled after a theory of personality called transactional analysis. Their personalities and emotions are expressed in four-panel comic strips. This approach enables you to naturally and enjoyably learn realistic exchanges in Japanese via the characters presented.

Q2. What's the focus?

There is an expression in Japanese that goes "gyoukan o yomu." This means the same thing as "read between the lines" in English, namely the art of understanding or inferring messages that are not explicitly stated in text or speech. Inference of meaning is a skill that is highly expected and regarded in Japanese society in particular. This book is designed to enable you to identify implicit messages from the flow of the conversation, the characters' interpersonal relations, comics-style facial expressions, and other clues, and to encourage you to react to and think about those messages. After reading the comic strips on the left-hand page, imagine the emotions experienced by the characters, and compare them with how you would feel in similar situations.

Q3. Why are translations provided for some expressions?

Since the focus of this book is placed on how the characters speak, translations have been added to expressions that are challenging for learners. We hope that you will concentrate your learning on the expressions and emotions presented in the characters' interactions, without getting bogged down in the words and grammar. For this reason, we chose to provide free translations that convey the words' meaning in the context of the dialogues. Consequently, if you wish to gain an accurate understanding of the words that interest you, be sure to look them up in a dictionary.

Q4. Why is the book divided into the three chapters, "Encounters," "Conflicts," and "Understanding"?

Interpersonal relations typically evolve stronger bonds through a process where people encounter each other, fall into conflict as they more closely interact, and ultimately rise above that conflict and achieve an understanding of each other's shortcomings. We hope that as you study Japanese communication with this book, you will also experience the interpersonal relationships at Maeda House and thereby gain insights that you can put to use in your life in Japan.

Q5. What are the goals of this book?

- Become able to communicate your feelings and personality without causing misunderstandings.
- Become able to identify the implicit messages communicated by others—that is, read between the lines.
- Become able to project the you that you want to convey, according to the situation or role at hand.
- Become able to express the messages you want to communicate in a manner that is easy for the listener to process.

These are the aims of this book.

We hope that this book will add fun and greater depth to your Japanese language studies and life in Japan!

Q1. 这本书有什么特点?

　　　　本书的出场人物根据沟通分析这一人格理论进行设定, 其性格及心境则通过四格漫画来表达。大家通过他们之间展开的实用对话可愉快且自然而然地掌握日语。

Q2. 这本书的重点是什么?

　　　　日语中有"读出作者的言外之意"这一说法, 意思是理解未用文字表达出来的信息, 即"察する"。"察する"是一种在日本社会尤其受到重视和评价的能力。为了帮助大家能读出语言之外的信息, 做出相应的反应或进行思考, 本书按照故事脉络、出场人物之间的关系以及漫画中的表情等构成。看了左边一页的漫画后, 想一想出场人物的心情, 也可以和自己作一比较。

Q3. 为什么有的地方配有翻译内容?

　　　　本书的重点内容是出场人物的语言表达方式, 因此, 对一些较难理解的内容进行了翻译。希望大家不要担心单词和语法, 练习时把注意力放在出场人物之间的会话及其心情表达上。对单词的翻译是该单词在句子中应用时的意思(意译), 如果有自己想进一步了解的单词, 请通过辞典确认。

Q4. 为什么内容分为相遇、冲突和理解这三部分呢?

　　　　在人际关系中, 人与人"相遇"后, 在交往中会发生"冲突"。经过双方努力, 矛盾化解后, "理解"彼此存在的缺点, 从而使双方关系得到进一步发展。我希望大家通过本书, 在学习用日语沟通的同时, 与书中人物一起体会一下前田公寓里的人际关系, 使其在各位使用日语交流时起到参考作用。

Q5. 这本书设定的目标是什么?

· 能把自己的感情或人格准确无误地告诉对方。
· 能读出语言之外的信息(读出"言外之意")
· 根据场合和职责, 能展现出不同的自己。
· 把自己想要说的内容以对方容易接受的方式表达。

　　　　以上内容是本书设定的目标。

　　为了使大家的日语学习愉快、生活丰富,《跟漫画人物学日语》若能助你一臂之力, 我们将感到无比高兴。

Q1. Đặc trưng của cuốn sách này là gì?

Cuốn sách này xây dựng nên các nhân vật dựa theo lý thuyết về phân tích mối quan hệ con người và tính cách, đồng thời thể hiện tính cách và trạng thái tâm lý của các nhân vật. Qua đó sẽ giúp cho các bạn có thể học một cách tự nhiên và vui vẻ những hội thoại trong đời sống thật bằng tiếng Nhật cùng với các nhân vật.

Q2. Điểm mấu chốt là gì?

Trong tiếng Nhật có cách nói là "thấu hiểu". Điều đó có nghĩa là, việc lý giải và thấu hiểu những thông điệp ngoài ngôn từ được coi là "quan sát để thấu hiểu". "Quan sát để thấu hiểu" là một loại năng lực được đòi hỏi đặc biệt và được đánh giá cao trong xã hội Nhật Bản. Cuốn sách này được thiết kế sao cho các bạn có thể thấu hiểu được những thông điệp phi ngôn từ, giúp bạn có thể phản ứng hay suy nghĩ từ mạch các câu chuyện, mối quan hệ giữa các nhân vật với nhau, biểu cảm của các nhân vật trong truyện tranh. Sau khi đọc xong truyện tranh bên tay trái hãy thử tưởng tượng ra tâm trạng của nhân vật, và so sánh với tâm trạng của mình.

Q3. Tại sao lại có những phần có kèm dịch?

Cuốn sách này đặt trọng tâm vào cách nói chuyện của nhân vật. Chính vì vậy, trong trường hợp có những câu tương đối khó thì đã có dịch. Bởi lẽ chúng tôi muốn các bạn không cần phải lo lắng về vấn đề từ vựng và ngữ pháp, mà chỉ tập trung vào cách hội thoại và tâm trạng trong cuộc nói chuyện. Chính bởi vậy nên phần dịch chỉ là dịch ý nghĩa trong câu (dịch nghĩa). Cho nên, nếu bạn muốn học chính xác nghĩa của từ thì bạn hãy tra từ điển nhé.

Q4. Tại sao lại chia ra thành 3 giai đoạn: gặp gỡ, xung đột và thấu hiểu?

Mối quan hệ giữa người với người khởi đầu bằng việc "gặp gỡ"; khi gần gũi nhau hơn sẽ xảy ra "xung đột", nếu vượt qua được sẽ lại "thấu hiểu" được những khiếm khuyết của nhau và tiến đến mối quan hệ sâu sắc hơn. Trong cuốn sách này, chúng tôi hy vọng bên cạnh việc các bạn học được giao tiếp tiếng Nhật, các bạn còn được trải nghiệm các mối quan hệ diễn ra trong ngôi nhà Maeda, để từ đó rút ra các bài học tham khảo cho việc sử dụng tiếng Nhật trong cuộc sống của mỗi người.

Q5. Mục đích của cuốn sách này là gì?

· Giúp các bạn có thể thể hiện một cách chính xác tình cảm và tính cách của bản thân mình mà không bị nhầm lẫn.
· Giúp các bạn hiểu được những thông điệp phi ngôn từ của đối phương (quan sát để thấu hiểu).
· Có thể thể hiện bản thân mình theo cách mà mình muốn tùy vào tình huống và vai trò.
· Giúp bạn truyền đạt được những điều mình muốn tới đối phương một cách dễ tiếp nhận nhất.

Trên đây chính là những mục đích mà cuốn sách này hướng tới.

Sẽ thật là hạnh phúc tột cùng cho chúng tôi nếu như cuốn sách "Học tiếng Nhật qua các nhân vật" là một công cụ giúp cho việc học tiếng Nhật và việc sử dụng tiếng Nhật trong cuộc sống của các bạn trở nên thú vị và phong phú hơn.

この本の使い方

■特徴

本書は次の3つのパターンに分かれており、それぞれに練習目的があります。

①『発話意図』		非言語的な表現(イントネーション、トーン、表情など)を適切に使うことで、誤解なく意図が伝えられる。また、相手の意図を理解することができるようになる。
②『キャラクター理解』		キャラクター(登場人物)のパーソナリティを理解し、彼らをモデルにして話すことで、自分らしく話せる。また、必要に応じて自分を演出できるようになる。
③『他者理解』		自分と違う考え方を持つ人に、受け取りやすく伝えられるようになる(衝突を避けられるようになる)。あるいは、衝突が起きても、原因を考えて修復することができるようになる。

各課のパターンは、タイトルの前にあるアイコンを参照してください。

■構成と練習方法

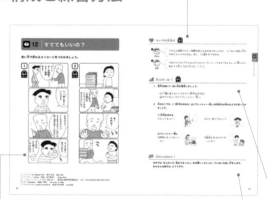

●キャラクターの気持ち
＜おすすめの練習方法:シャドーイング※＞

マンガに出てくるキャラクターのモノローグです。マンガだけではわかりにくい、彼らの気持ちがより深く理解できます。

ここでは、音声を聞きながらシャドーイングするといいでしょう。かなりくだけた言い方になっていますが、文法のことはあまり気にしないで、感情豊かに話すことを楽しんでください。

『発話意図』

●Brush Up 1・2
＜おすすめの練習方法:音声を聞いて発話練習＞

音声があるものは、音声を聞いてから練習をしましょう。Brush Up 1で基本的な練習をした後で、2では発展的な練習をします。

『キャラクター理解』・『他者理解』

●Discussion 1・2
＜おすすめの練習方法:2人以上でディスカッション＞

クラスメートとディスカッションをして、考え方を共有しましょう。

参考程度に解答や解答例をつけましたが、答えは一つではありません。他の人の意見を聞いて、違う考え方があることを理解しましょう。

●マンガ
＜おすすめの練習方法:音声をリピート→会話練習＞

各課に2つの4コママンガ(または2コママンガ)があります。このマンガを読み進めていくと、次第にキャラクターのパーソナリティが理解できます。

ここでは、音声を聞いて、キャラクターになりきって話す練習をします。

音声の後にリピート練習を行い、キャラクターの特徴をつかんだら、クラスメートと会話練習をしましょう。

※シャドーイング 同時通訳者の訓練方法の一つ。聞こえてくる音声を(shadow)のように追いかけて声に出す。

How to use this book

■ Features

The material of this book is divided into the following three patterns, each of which has its own aims for communication practice.

① **Speaker intentions**

Proper use of nonverbal communication cues—such as intonation, tone, and facial expression—enables you to express your intentions without causing misunderstanding. Also, this skill helps you to decipher the intentions of someone speaking to you.

② **Understanding characters**

By gaining an understanding of the various personalities of the characters in this book and using them as a model for your communication, you can develop your own style of communication in Japanese.

③ **Understanding others**

This book helps you to communicate in ways that are relatable to people who do not share your views, and thus avoid conflict with them. And, even if conflict does arise, you will be able to pinpoint the causes and take action to mend the relationship.

To see which pattern is used in a lesson, look at the icon placed at the front of the heading.

■ Structure and practice methods

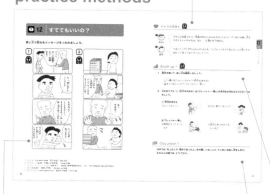

●Comic strips
Recommended practice method: Repeat after the audio material → Conversation practice

As you progress through the comics, you will gradually come to understand the personality of each character. Listen to the recording and then practice speaking the dialogue as you immerse yourself into the characters. Also repeat after the recording and practice conversing with a classmate.

＊Shadowing : This is a method for training simultaneous interpreters. You try to say what is spoken in the recording almost as soon as it is uttered.

●Character feelings
Recommended practice method: Shadowing＊

You acquire a deeper understanding of aspects of the characters' feelings that are difficult to figure out from the comic strips alone. We suggest that you try shadowing as you listen to the audio. The expressions used are very informal; rather than fixating on the intricacies of grammar, enjoy the act of emotionally expressive speech.

Speaker intentions

●Brush Up1 & 2
Recommended practice method: Speaking practice while listening to the recording

For items with recordings, first listen to audio and then practice speaking. Brush up 1 is basic speaking practice, while Brush up 2 is an expanded exercise.

Understanding characters & Understanding others

●Discussion 1 & 2
Recommended practice method: Discussion with partners

Discuss the material with classmates and share your thoughts. Some sample answers are offered as a reference, but keep in mind that there is more than one answer. Listen to the opinions expressed by your partners and try to understand their different ways of thinking.

本书使用说明

■ 特 点

本书分为以下三大类型, 每一部分都有练习目的。

① 说话意图		正确使用非语言沟通(语调、声调及表情等)可避免误会而把自己的意图告诉对方, 同时也能理解对方的意图。
② 理解出场人物		理解出场人物的人格, 以他们为例练习, 会使表达方式更符合自己的个性。另外, 也能学会根据需要展现自己。
③ 理解他人		把自己的想法告诉与自己想法不同的人时, 会运用对方容易接受的表达方式(学会避免冲突)。或者即使产生冲突, 也会通过思考原因来修复彼此关系。

关于每课的类型, 请参照标题前的图标。

■ 本书的内容及练习方法

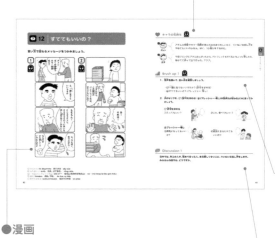

●出场人物的心情
＜推荐练习方法:跟述练习＊＞

这一部分能进一步加深对出场人物心情的理解, 他们的心情仅通过阅读漫画是很难理解的。这一部分听录音时推荐大家进行跟述练习。语言表达极为通俗, 练习时不必在意语法, 有感情地随录音练习口语表达。

『発話意図』

●Brush Up(复习) 1・2
＜推荐练习方法:听录音进行口语表达练习＞

有录音的内容在听录音后进行练习。"1"是基础练习, "2"是应用练习。

『キャラクター理解』・『他者理解』

●Discussion(讨论) 1・2
＜推荐练习方法:2人以上进行小组讨论练习＞

和同学讨论, 了解彼此的想法。后面附有参考答案, 但是答案并非只有一个, 听一听别人的意见, 认识到有人与自己想法不同。

●漫画
＜推荐练习方法:听录音复述→练习会话＞

按顺序阅读漫画, 渐渐地能了解出场人物的人格。听录音时, 模仿说话人的口气进行表达练习。听完录音后练习复述, 并跟同学进行会话练习。

＊跟述练习:是同传训练方法之一, 听录音并像影子一样随之出声练习。

Cách sử dụng sách

■ Đặc trưng

Cuốn sách này được chia ra thành 3 dạng, ở mỗi dạng có mục đích luyện tập.

① Ý đồ của giao tiếp
Bằng việc sử dụng thích hợp các biểu hiện phi ngôn ngữ (ngữ điệu, tông giọng nói, biểu cảm v.v...) thì sẽ truyền đạt được chính xác ý đồ của giao tiếp. Hơn nữa điều này còn giúp ta hiểu được ý đồ giao tiếp của đối phương.

② Hiểu về nhân vật
Thông qua việc hiểu được tính cách của nhân vật, rồi lấy họ làm mẫu để nói, giúp bạn có thể nói theo đúng phong cách của mình. Hơn nữa, điều này còn giúp bạn có thể thể hiện bản thân mình nếu cần thiết.

③ Sự thấu hiểu người khác
Giúp bạn có thể truyền đạt một cách dễ tiếp nhận tới người có cách suy nghĩ khác với bạn (giúp bạn tránh được xung đột). Hoặc là, nếu có xảy ra xung đột thì bạn sẽ có thể suy nghĩ tìm ra nguyên nhân và cải thiện mối quan hệ.

Về dạng của các bài thì bạn hãy tham khảo ký hiệu hình vẽ ở trước tiêu đề.

■ Cấu trúc và phương pháp luyện tập

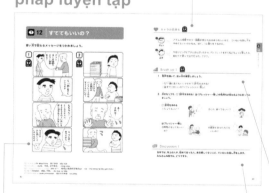

●Tâm trạng của nhân vật
**Phương pháp luyện tập được khuyến nghị:
Nghe và nhắc lại đồng thời (shadowing*)**

Nếu chỉ với truyện tranh không thôi có thể sẽ khó hiểu, nên cần tìm hiểu sâu hơn tâm trạng của các nhân vật. Ở phần này, các bạn nên vừa nghe âm thanh vừa nhắc lại đồng thời. Nói thế này có thể hơi thẳng quá, nhưng các bạn đừng quá để ý tới vấn đề ngữ pháp, mà hãy vui với việc nói sao cho thể hiện được tâm trạng, tình cảm một cách sinh động nhất.

Ý đồ của giao tiếp

●Ôn luyện 1•2
**Phương pháp luyện tập được khuyến nghị:
Nghe âm thanh, luyện nói**

Những chỗ có âm thanh thì hãy nghe âm thanh xong hãy làm ôn luyện 1 là ôn luyện cơ bản, ôn luyện 2 là ôn luyện nâng cao.

Understanding characters & Understanding others

●Thảo luận 1•2
**Phương pháp luyện tập được khuyến nghị:
thảo luận với 2 người trở lên**

Hãy cùng nói chuyện với bạn cùng lớp để chia sẻ suy nghĩ. Trong sách cũng đã có đáp án (ví dụ) để các bạn tham khảo, nhưng câu trả lời không phải là chỉ có duy nhất 1 câu trả lời. Hãy hỏi ý kiến của người khác và hãy hiểu rằng có tồn tại cả những cách suy nghĩ khác với mình.

●Truyện tranh
**Phương pháp luyện tập được khuyến nghị:
Lặp lại âm thanh → Luyện tập Hội thoại)**

Đọc truyện tranh này, các bạn sẽ dần hiểu được tính cách của các nhân vật. Ở phần này, các bạn sẽ luyện tập việc nghe âm thanh và hãy hóa thân thành nhân vật, để luyện nói. Sau khi nghe xong, các bạn hãy luyện tập nhắc lại, hãy luyện hội thoại với bạn học cùng lớp.

＊Shadowing : Nghe và nhắc lại đồng thời là một trong những phương pháp huấn luyện dành cho phiên dịch Cabin. Đây là phương pháp mà người luyện sẽ vừa nghe vừa nhắc lại thành tiếng như thể đuổi theo cái bóng.

キャラクター紹介

エリック
中国人（32才）
商社マン
趣味：時計を集める
好きな食べ物：ワインと
チーズ

ミシェル
カナダ人（22才）
日本語学校の学生
趣味：料理
好きな食べ物：パンケーキとシチュー

エレナ
イタリア人（30才）
製薬会社の研究員
趣味：読書
好きな食べ物：焼き芋

アダム
オーストラリア人（33才）
バックパッカー
趣味：放浪
好きな食べ物：肉とビールとベジマイト

グェン
ベトナム人（23才）
ITエンジニア研修生
趣味：ホラー映画鑑賞
好きな食べ物：焼鳥とフォー

前田 建造
日本人（61才）
前田ハウスのオーナー
趣味：旅行、陶芸、つり
好きな食べ物：フランス料理

前田 正子
日本人（56才）
前田夫人、主婦
趣味：ジョギングと生け花
好きな食べ物：和食

Character introduction

Eric

Eric
Chinese (age 32)
Trading company employee
Interests: Collecting watches
Favorite foods: Wine and cheese

艾利克
中国人（32岁）
贸易公司职员
爱好：收集手表
喜欢的食物：葡萄酒和芝士

Eric
Người Trung Quốc (32 tuổi)
Nhân viên công ty thương mại
Sở thích: sưu tập đồng hồ
Món ăn yêu thích: rượu vang và phô mai

Michelle

Michelle
Canadian (age 22)
Japanese-language school student
Interests: Cooking
Favorite foods: Pancakes and stews

米歇尔
加拿大人（22岁）
日语学校学生
爱好：做饭
喜欢的食物：日式松饼和炖菜

Michel
Người Canada (22 tuổi)
Sinh viên Trường tiếng Nhật
Sở thích: nấu ăn
Món ăn yêu thích: Pan Cake và Ragu

Elena

Elena
Italian (age 30)
Pharmaceutical company researcher
Interests: Reading
Favorite foods: Roasted sweet potatoes

艾莱娜
意大利人（30岁）
制药公司研究员
爱好：读书
喜欢的食物：烤红薯

Elena
Người Ý (30 tuổi)
Nghiên cứu viên của Công ty dược phẩm
Sở thích: đọc sách
Món ăn yêu thích: khoai lang nướng

Adam

Adam
Australian (age 33)
Backpacker
Interests: Wandering
Favorite foods: Meat, beer, and Vegemite

阿达姆
澳大利亚人（33岁）
背包客
爱好：流浪
喜欢的食物：肉、啤酒和维吉麦酱

Adam
Người Australia (33 tuổi)
Người du lịch bụi
Sở thích: du lịch bụi
Món ăn yêu thích: thịt, bia và bơ Vegemite

Nguyen

Nguyen
Vietnamese (age 23)
IT engineering trainee
Interests: Watching horror movies
Favorite foods: Yakitori and pho

小阮
越南人（23岁）
IT工程师研修生
爱好：看恐怖电影
喜欢的食物：烤鸡串和米线

Nguyễn
Người Việt Nam (23 tuổi)
Tu nghiệp sinh kỹ sư IT
Sở thích: xem phim kinh dị
Món ăn yêu thích: thịt gà nướng và phở

Kenzo Maeda

Kenzo Maeda
Japanese (age 61)
Owner of Maeda House
Interests: Travel, pottery, fishing
Favorite foods: French cuisine

前田健造
日本人（61岁）
前田公寓的房主
爱好：旅游、陶艺和钓鱼
喜欢的食物：法国菜

Maeda Kenzo
Người Nhật Bản (61 tuổi)
Chủ nhà Maeda
Sở thích: du lịch, làm đồ gốm, câu cá
Món ăn yêu thích: món ăn Pháp

Masako Maeda

Masako Maeda
Japanese (age 56)
Wife of Kenzo, homemaker
Interests: Jogging and Japanese flower arrangement
Favorite foods: Japanese cuisine

前田正子
日本人（56岁）
前田夫人、家庭主妇
爱好：慢跑和插花
喜欢的食物：日本菜

Maeda Masako
Người Nhật Bản (56 tuổi)
Vợ của Maeda, nội trợ
Sở thích: chạy bộ và cắm hoa
Món ăn yêu thích: món ăn Nhật Bản

出会い

「ようこそ、前田ハウスへ！」

ここは前田ハウスというシェアハウスです。このハウスでは、いろいろな国からの人たちが、助け合ったり、けんかをしたりしながら、にぎやかに生活しています。

そこへ、ベトナムのグェンが新しくやってきました。これからどんな生活が始まるのでしょうか。みなさんも、前田ハウスのメンバーの気持ちになって、いっしょに笑ったり怒ったりしてみてください。

01 ┃ はじめまして！

グェンが前田ハウスにやってきました。

グェン：初めまして。グェンです。ベトナムから来ました。
　　　　日本は初めてでわからないことばかりですが、どうぞよろしくお願いします。
アダム：どうも！アダムです。ぼくはオーストラリア人。今、休暇で日本にいるんだ。
エレナ：私はエレナ、イタリア人です。製薬会社で研究員をしています。どうぞよろしく。
アダム：グェンさん、日本は初めて？じゃあ、日本語はベトナムで勉強してきたのか。すごいね。
グェン：いやあ、まだまだです。

□ 製薬会社：pharmaceutical company　制药公司　công ty dược phẩm
□ 研究員：researcher　研究员　nghiên cứu viên
□ 商社：trading company　商社。贸易公司。　công ty thương mại
□ IT企業：IT company　IT企业。信息技术企业。　doanh nghiệp IT
□ 研修生：trainee　研修生　thực tập sinh

正子　　　：みなさん、こちらベトナムから来たグェンさんですよ。

グェン　　：はじめまして。グェンです。よろしくお願いします。

エリック：楊明輝です。エリックと呼んでください。2年前に上海から来て、今は商社に勤めています。前田ハウスのことは一番わかっているから、何でもぼくに聞いてね。

ミシェル：カナダから来たミシェルです。日本語学校の学生です。困ったことがあれば、遠慮しないで、いつでも言ってくださいね。

グェン　　：みなさん、ご親切にありがとうございます。

正子　　　：グェンさんはIT企業の研修生なんですよ。

グェン　　：はい、ITのことならまあまあ得意です。何かあれば聞いてください。

気持ちが伝わる言い方を考えましょう。
言い方で変わるメッセージをつかみましょう。

1　02_1

聞いた？
グェンって、
5人兄弟の
末っ子なんだって

そう。
たしかにそんな
感じね

2　02_2

あら、
ミシェルさん。
そのセーター
新しいですね

はい、昨日買った
ばかりなんです

そうですか。
ありがとう
ございます

にあいますよ

3　02_3

アダムさん、昨日読ん
でたマンガ、もう読みま
したか。ぼく、あれ
大好きなんです

まだだけど

そうですか

4　02_4

はあー
仕事の後の
ワインは最高だなぁ

お風呂の後の
ビールも
最高だよ

そう？

☐ 末っ子：youngest (child in family)　老小。最小的儿子(女儿)。　con út
☐ たしかに：definitely　的确。确实。　đúng là
☐ 頼りない：helpless　不可靠。靠不住。　không dựa dẫm

22

キャラの気持ち

❶
エレナ

> グェンて、なんか頼りない感じがすると思ったら、5人兄弟の末っ子か。

❷
ミシェル

> 買ったばかりのセーター、ほめてもらってうれしい。

❸
グェン

> アダムが読んでいるマンガ、早く読みたいのに。残念。

❹
エリック

> ビールなんか、全然うまいと思わない。

▰▰ Brush up 1

**音声を聞いて、😊(わかった) 😃(うれしい) 😣(がっかり) 😐(そうは思わない)の
気持ちがわかるように、「そう／そうですか」を言ってみましょう。**

1. エレナ：正子さん、銀行は何時までですか。
   正子 ：3時までですよ。
   エレナ：😊そうですか。ありがとうございます。

2. アダム：そのかばん、かっこいいね。
   グェン：😃そう？ありがとう。

3. 正子 ：土曜日は出かけるので、晩ご飯は外で食べてくださいね。
   アダム：😣そうですか。わかりました。

4. グェン：このゲーム、難しいね。
   エリック：😐そう？やさしいよ。

▰▰ Brush up 2

音声を聞いて、言い方を練習しましょう。会社で話しています。

山田(先輩)：来月からのプロジェクトリーダー、きみになったらしいよ。
鈴木(後輩)：😊え？そうですか。
山田：きみは仕事ができるからね。
鈴木：😃そうですか。
山田：でも毎日残業になると思うよ。
鈴木：😣そうですか。
山田：プロジェクトがうまくいったら特別ボーナスが出るかも。
鈴木：😐そうですか。

へぇ、200年ですか
(あいづち②〜相手のことばをくり返す)

気持ちが伝わる言い方を考えましょう。
言い方で変わるメッセージをつかみましょう。

□ 蔵：storehouse　倉庫。库房。　kho
□ 後輩：junior　公司后辈　hậu bối
□ なるほど：intrigued　原来如此　thảo nào
□ たまにはいい：that might be nice once in a while　偶尔也挺好　thỉnh thoảng làm vậy cũng được
□ 不満：displeased　抱怨。不满意。　sự bất mãn
□ 回転寿司：conveyor belt sushi　回转寿司　sushi băng chuyền

♥ キャラの気持ち

①
アダム

今日の晩ごはんはハンバーグ
だって。うれしい！

②
エレナ

200年前かあ。やっぱり
ねぇ…

③
グェン

チューリップが1本250円？
思ったより高い。残念。

④
エリック

ゆうべ、後輩のさくらちゃん
といたところを見られた!?

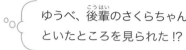

Brush up 1

音声を聞いて、次の正子のセリフに対して、キャラクターらしい反応(リアクション)を練習しましょう。

正子が町内会のポスターを見て、話しています。
正子：週末、河原でバーベキューがあるそうよ。会費3,000円ですって。

①アダム：　（うれしい）バーベキューですか。楽しそう。
②エレナ：　（なるほど）へぇ、河原ですか。たまにはいいかも。
③グェン：　（残念）えっ、3,000円ですか。高いなぁ。
④エリック：（不満）えー、週末ですか。仕事ですよ。

Brush up 2

音声を聞いて、その後に続くセリフを考えてください。

①アダム　　：今からホラー映画見ない？
　ミシェル：ホラー映画？
　アダム　　：＿＿＿＿＿＿＿＿＿＿＿＿＿＿＿＿＿＿

②正子：今晩、外で食べない？
　建造：じゃ、駅前の回転寿司に行く？
　正子：回転寿司？
　建造：＿＿＿＿＿＿＿＿＿＿＿＿＿＿＿＿＿＿

25

❓04 ┃ きれいな夕日ね(終助詞① 「ね」)

気持ちが伝わる言い方を考えましょう。
言い方で変わるメッセージをつかみましょう。

□ 避難訓練:evacuation drill　避难训练　huấn luyện thoát hiểm
□ 共感する:empathize　有同感　đồng cảm
□ 確認する:confirm　确认　xác nhận

キャラの気持ち 04_3

1 建造

正子の言う通り、今日の夕日は本当にきれいだ。

2 エレナ

前田ハウスの避難訓練、９月10日か。

Brush up 1 04_4

音声を聞いて、言い方を練習しましょう。

共感する

①アダム　：おいしいね。
　ミシェル：うん、おいしいね。

②エリック：暑いね。
　アダム　：ほんと、暑いね。

確認する

③正子　：次のフリーマーケットは、いつ？
　みどり：来月の20日よ。
　正子　：12月20日ね。ありがとう。

④（出張先の駅で）エリック：バス停はどこですか。
　駅員：北口です。
　エリック：北口ですね。

Brush up 2

（　）の言い方に気をつけて、それぞれ、共感・確認をしましょう。

①アダム：このホラー映画、おもしろかったね。
　グェン：（共感）＿＿＿＿＿＿＿＿＿＿＿＿＿＿＿＿

②上司：資料は10部、用意しておいて。
　部下：（確認）＿＿＿＿＿＿＿＿＿＿＿＿＿＿＿＿

気持ちが伝わる言い方を考えましょう。
言い方で変わるメッセージをつかみましょう。

□ スーツ姿：dressed in a suit　穿着西装的样子　tư thế mặc đồ vét
□ もったいない：be a waste　可惜。浪费。　đáng tiếc, tiếc
□ じゃま：being in the way　碍事。妨碍。　phiền, cản trở

28

♥ キャラの気持ち

❶
エリック

外に変な人がいると思ったら、なんだ、グェンか。スーツ姿のグェンは初めて見たから、わからなかったんだよ。

❷
正子

グェンさん、いくらなんでも、肉が多過ぎ。もったいない。

★ Brush up 1

音声を聞いて、意図が伝わる言い方を練習しましょう。

情報を伝える

①ミシェル：パン、焼けたよ。
アダム：やったー！

②ミシェル：洗濯、終わったよ。
グェン：あ、ありがとう。

非難する

③（窓を開けたアダムに）
エリック：寒いよ。
アダム：じゃ、閉めるよ。

④エリック：こんなところに置いたら、じゃまだよ。
アダム：ごめん。

★ Brush up 2

音声を聞いて、答えを選んでください。

①ミシェル：外は寒いよ。
エレナ　：a. じゃ、コート着れば？
　　　　　b. あ、そう。じゃコート着て行ったほうがいいね。

②同僚A：遅くなってすみません。ミーティングは…？
同僚B：終わりましたよ。
同僚A：a. そうですか。わかりました。
　　　　b. すみませんでした。

29

気持ちが伝わる言い方を考えましょう。
言い方で変わるメッセージをつかみましょう。

□ たしか：if I'm not mistaken　大概。可能。　chắc là, hình như
□ 物価：prices　物价　vật giá
□ そうでもない：that's not the case　也并非如此　cũng không phải thế
□ 不安：worried　担心。忧虑。　sự bất an
□ 汚れた：messy　脏的。弄脏了的。　bẩn

キャラの気持ち

グェン

日本の物価は高いと思っていたけど、そうでもないのかな…

ミシェル

友だちにもらったビール、私は飲まないからビール好きのアダムにあげよう。

Brush up 1

音声を聞いて、😄(うれしそうに) 😡(怒って) 😟(不安そうに)の気持ちがわかるように、「-よね」と言ってみましょう。いろいろな「-よね」の気持ちのちがいがわかりますか。

①（ケーキを見ながらミシェルに）
　　アダム：😄このケーキ、100円だって。安いよね。

②（汚れたテーブルを見てアダムに）
　　エリック：😡きれいにしろって言ったよね。

③（地図を見ながらミシェルに）
　　グェン：😟道、まちがえてないよね。

Brush up 2

音声を聞いて、言い方を練習しましょう。

①アダム：😄このゲーム、おもしろいよね。
　　グェン：うん、そうだね。
　　エレナ：そうかな。

②エリック：😡お皿、洗ったよね。
　　アダム　：洗ったよ。うるさいなぁ。

③同僚Ａ：😟あれ？会議、10時からだよね？
　　同僚Ｂ：そうだよ。

❓07 ┃ あ、そうだった

気持ちが伝わる言い方を考えましょう。

□ 引き出し：drawer　抽屉　ngăn kéo
□ 戻す：put back　放回　để lại về (vị trí cũ...)
□ 当番：one's turn (to do a task)　值日。值班。　trực/ trực nhật

キャラの気持ち

1 アダム
°○〇 はさみを引き出しに戻すの、忘れてた！

2 グェン
°○〇 ぼくは前田ハウスのルールがまだよくわからない。洗濯機が使える時間を聞いただけなんだから、もっとやさしく教えてほしいよ。

Brush up 1

マンガ①の「あ、そうだった」、②の「あ、そうでした」は、どんなときに使うと思いますか。

Brush up 2

音声を聞いて、☺（よかった！）☹（大変だ！）の気持ちがわかるように言ってみましょう。

①アダム　　：あれっ？携帯がない。
　エリック：よく探してみろよ。
　アダム　　：☺あ、かばんの中だった。

②エリック：☹今日はぼくが風呂そうじの当番だった。早くやらなくちゃ。

③グェン　　：☺（カレンダーを見て）あ、来週の月曜は休みだった。

❤️ 😊 08 ┃ 10時から庭そうじ

あなたならどうするか考えましょう。
キャラクターを理解しましょう。

□ 気が利く：be thoughtful　有眼力。机灵。　để ý, đầu óc nhạy bén
□ えらい：be admirable　伟大。了不起。　vĩ đại, đáng khen
□ 居間：living room　客厅　phòng khác
□ うるさい：annoying　烦人。讨厌。　nhiễu, nhiều yêu cầu

34

キャラの気持ち
08_3

❶ 今日は庭そうじ。早めに庭に出て正子さんに声をかけたら、気が利いてるってほめられちゃった。
ミシェル

❷ 庭そうじまでまだ 10 分もあるのに、エリックのやつ、本当にうるさい。グェンがこわがっているじゃないか。
アダム

🗨 Discussion 1

1．だれの気持ちに共感しますか。共感する人にチェックを入れてください。

    ☐ ミシェル   ☐ アダム   ☐ グェン   ☐ エリック

2．なぜ共感するか、話し合ってみましょう。

🗨 Discussion 2

エリックは、どうしてリビングにいる人たちに声をかけたと思いますか。
エリックの気持ちを考えてみましょう。

🗨 Discussion 3

あなたは前田ハウスに住んでいます。今日はみんなで庭そうじをする日です。開始時間まで10分あります。あなたならどうしますか。1)～4)から選んでください。
それはなぜですか。みんなで話しましょう。

1）庭に出て、準備をする
2）他の人をさそいに行く
3）まだ早いから部屋にいる
4）その他（　　　　　　　　　　　　　）

相手のメッセージを理解しましょう。

□ あたためる：warm　热。加热。　hâm nóng, làm nóng
□ 結局：as it turned out　结果。最终。　rút cục
□ 年配の人：elderly person　年长者　người lớn tuổi
□ 席をゆずる：give up one's seat　让座　nhường ghế

キャラの気持ち

❶
グェン
何がだいじょうぶなんだろう？結局、店員はあたためなかったけど。
う〜ん…わからない。

❷
グェン
年配の人に席をゆずろうとしたら、その人は「だいじょうぶです」と言った。
それは、ゆずってほしくない、という意味？

Brush up 1

音声を聞いて、1.と2.の「だいじょうぶ」はどんな意味か考えましょう。

1. 友だちA：頭、まだ痛い？
   友だちB：だいじょうぶ。ありがとう。

   （レストランで）
2. ウェイトレス：お水、いかがですか。
   客：だいじょうぶです。

Brush up 2

1.と2.を考えましょう。

1. **コンビニの店員は何と言ったと思いますか。**
   コンビニの店員： ＿＿＿＿＿＿＿＿＿＿＿＿＿＿
   あなた：だいじょうぶです。

2. **最後にあなたは何と言いますか。**
   友だち：チョコレート、食べる？
   あなた：だいじょうぶ、ありがとう。
   友だち：え？おいしいよ、このチョコ、どうぞ、どうぞ。
   あなた： ＿＿＿＿＿＿＿＿＿＿＿＿＿＿

10 | すみません

相手のメッセージを理解しましょう。

□ （トマトが）とれる：(tomatoes) are harvested　能收获（西红柿）　thu hoạch được

キャラの気持ち 🎧 10_3

①
グェン　ありがとう、ならわかるけど、なぜあやまるんだろう。

②
グェン　そっか。あれはあやまっていたんじゃないんだな。

💬 Discussion 1

1．マンガ①と②の「すみません」は、どんな意味ですか。
2．これは、どんなとき、どんな人に使うと思いますか。
3．あなたの国にも、このような言い方がありますか。

⭐ Brush up 1 🎧 10_4

1．①と②の「すみません」はどんな意味ですか。
2．音声を聞いて、会話を練習しましょう。

① （電車の中で）
　A：痛いっ
　エレナ：あ、すみません。

② （エレベーターで）
　ミシェル：お先にどうぞ。
　B：あ、すみません。

あなたならどうするか考えましょう。

□ ていねい：polite　恭敬。郑重。　lễ phép
□ ことわる：decline　拒绝。推辞。　từ chối
□ かまわない：not mind　没关系　không sao
□ 勧める：offer　推荐　khuyến khích, mời
□ 期待する：expect　希望。期望。　kỳ vọng

♥ キャラの気持ち

1
正子

おまんじゅうをことわるのはかまわないけど、「食べません」だけじゃ、せっかく勧めたのに失礼でしょ。もう少し何か言い方があると思うけど。

2
グェン

ミシェルは、ドライフルーツ好きじゃないんだ。知らなかったよ。それより、ミシェルが、ていねいな話し方はしなくてもいいって言ってくれた。うれしい！

📒 Discussion 1

1. だれの気持ちに共感しますか。共感する人にチェックを入れてください。

　　□ 正子　　　□ エレナ　　　□ ミシェル　　　□ グェン

2. なぜ共感するか、話し合ってみましょう。

📒 Discussion 2

エレナは、「私、おまんじゅうは食べません」と言いましたが、正子さんは、エレナにどんな言い方を期待していたと思いますか。

📒 Discussion 3

あなたは前田ハウスに住んでいます。
好きじゃないものを勧められたとき、あなたならどう答えますか。

①正子（年上の人）：おまんじゅう、いかが？

　あなた：＿＿＿＿＿＿＿＿＿＿＿＿＿＿＿＿＿＿＿＿＿

②グェン（友だち）：ドライフルーツ、どうですか？

　あなた：＿＿＿＿＿＿＿＿＿＿＿＿＿＿＿＿＿＿＿＿＿

❓ 12 | すててもいいの？

言い方で変わるメッセージをつかみましょう。

□ そろそろ：it's about time　差不多该　sắp sửa
□ かた苦しい：stuffy　死板。过于拘泥。　cứng nhắc
□ 〜の山（パンフレットの山）：pile of 〜　堆成山（旅游海报堆成山）　núi 〜 (núi trong tài liệu giới thiệu)
□ 脅す：threaten　威胁。吓唬。　đe dọa, uy hiếp
□ 許可を求める：seek permission　请求对方同意　xin phép

♥ キャラの気持ち 12_3

1
グェン

アダムの部屋でホラー映画が見られるのはうれしいけど、ていねいな話し方をやめてもいいのかなぁ。ぼく、10歳も年下なのに。

2
正子

今日リビングにアダムさんがいたから、パンフレットをすてるとちょっと脅したら、あわてて持って出て行った。フフフ。

⊿★ Brush up 1 12_4

1．音声を聞いて、言い方を練習しましょう。

- 😊? 一緒に見てもいいですか？（許可を求める）
- 😁 すててもいいの？（プレッシャー・脅し）

2．次のセリフを、😊?（許可を求める）😁（プレッシャー・脅し）の気持ちが伝わるように言ってみましょう。

😊? **許可を求める**
①入ってもいい？

②これ、食べてもいい？

😁 **プレッシャー・脅し**
③病気になってもいいの？

④彼女にきらわれてもいいの？

🗨 Discussion 1

日本では、年上の人や、初めて会った人、まだ親しくない人に、ていねいな話し方をします。みなさんの国では、どうですか。

❓ 13 │ 今、何時ですか‼

気持ちが伝わる言い方を考えましょう。
相手のメッセージを理解しましょう。

□ うっかり：accidentally　疏忽。不留神。　lơ đễnh
□ こぼす：spill　（液体）洒　làm tràn ra
□ 結婚記念日：wedding anniversary　结婚纪念日　ngày kỷ niệm đám cưới
□ 家事：housework　家务活　việc nhà

キャラの気持ち

❶ 正子さんに時間を聞かれたから教えてあげたのに怒られた。
どうして？
アダム

❷ エリック 夜遅くうっかり大きな音で音楽を聞いていたら、正子さんに怒られた。
失敗、失敗！夜は音に気をつけなきゃ。

⬛ Brush up 1

音声を聞いて、「今、何時ですか」を①②の気持ちで言ってみましょう。

「今、何時ですか」
①時間が聞きたいとき
②うるさい！静かにしなさい！と言いたいとき

⬛ Brush up 2

a.は質問ではありません。音声を聞いて、相手の気持ちに答えてください。

①（友だちにコーヒーをこぼされて）
　a：わぁ！このセーターいくらだと思ってるの？
　あなた：＿＿＿＿＿＿＿＿＿＿＿＿＿＿＿＿＿＿

②（結婚記念日を忘れているパートナーに）
　a：今日は何の日？
　あなた：＿＿＿＿＿＿＿＿＿＿＿＿＿＿＿＿＿＿

③（家事は全部やってね、とパートナーに言われて）
　a：何言ってるの？
　あなた：＿＿＿＿＿＿＿＿＿＿＿＿＿＿＿＿＿＿

④（スマホを見ながら歩いている人に）
　a：あぶない！どこ見てるの？
　あなた：＿＿＿＿＿＿＿＿＿＿＿＿＿＿＿＿＿＿

? 14 | おいしそう！

気持ちが伝わる言い方を考えましょう。

1 🎧 14_1

2 🎧 14_2

（1コマ目：女性・男性が鍋を前に）

わぁ、いいにおい！おいしそう！

今晩はシチューですよ　味見する？

あ、いいですか？じゃ、ちょっとだけ♪

（2コマ目）

何、これ まずそー!!

しーっ！それ、エリックの出張のおみやげ！

あ、すみませーん

□ 味見する：taste　尝味道。品尝。　nếm thử
□ 出張：business trip　出差　công tác
□ つい〜する：carelessly do 〜　无意中。不知不觉地。　bỗng làm 〜
□ 同僚：coworker　同事　đồng nghiệp
□ 締切：deadline　截止日期　thời hạn
□ 盛り上がる：have fun　气氛热烈　sôi nổi, hào hứng

キャラの気持ち

❶ ミシェル
正子さんにおいしそうと言ったら、味見させてもらえた。

❷ アダム
つい思ったことを言ったら、ミシェルに聞かれちゃった。

 Brush up 1

山田さんは、①佐藤さん（会社の同僚）②鈴木さん（クラスメート）と、親しくなりたいと思い、声をかけました。音声を聞いて会話を練習しましょう。

①山田：大変そうですね。
　佐藤：ええ、今日締切の仕事が多くて。
　山田：何か手伝えることがあったら言ってください。
　佐藤：ありがとうございます。

②山田：難しそうですね。
　鈴木：ええ、さっきから考えているんですけど、
　　　　さっぱりわからなくて。
　山田：こんな難しい問題考えているんですか。すごいですね。

 Brush up 2

二人でスマホを見ています。悪口を言って盛り上がってください。音声を聞いて、会話練習をしましょう。

例）a：なに、このクッキー。まずそう。
　　b：ほんとだ。こんなまずそうなの、
　　　　よくSNSにのせたね。

①

②

❓ 15 │ それ、おもしろい？

言い方で変わるメッセージをつかみましょう。

□ 話題：(person/thing) that everyone's talking about　话题　đề tài nói chuyện
□ お笑いコンビ：comedy duo　搞笑艺人组合　cặp đôi hài
□ じょうだんだろ：You've got to be kidding　你是在开玩笑吧？　là nói đùa phải không?
□ うたがい：doubt　怀疑　sự nghi ngờ

♥ キャラの気持ち
15_3

① ミシェル ｏＣ｛ アダムが、話題のYoutubeを見ていた。おもしろい？と聞いたら、一緒に見ることができた。ラッキー！

② エリック ｏＣ｛ 何がおもしろいんだよ。アダムのセンスがわからない。

Brush up 1
15_4

音声を聞いて、😃?（質問）😖（うたがい）の気持ちがわかるように言ってみましょう。

① 😃? それ、おもしろい？
② 😖 それ、おもしろい？
　　　　楽しい・新しい・安い・あたたかい　でも言ってみましょう。

Brush up 2
15_5

1. 音声を聞いてください。＿＿＿＿＿はどんな気持ちですか。

2. 気持ちを考えて言い方を練習しましょう。

①グェン　　：それ、おいしい？
　ミシェル：おいしいよ。1つ、どうぞ。
　グェン　　：ありがとう！

②エリック：このグラス、きれいですか。
　正子　　：きれいですよ！
　エリック：あ、すみません。

③同僚Ａ：今、忙しい？
　同僚Ｂ：え？…あ、何か手伝おうか？
　同僚Ａ：ありがとう。

16 | それ、ぼくのワインだろ！

キャラクターを理解しましょう。

□ やつ：guy　家伙。小子。　gã, thằng
□ ふざけるな！：Don't mess with me!　别跟我开玩笑了！　đừng ngu ngốc nữa
□ 腹を立てる：become angry　生气　bực tức

キャラの気持ち

  ぼくの大事なワインをアダムが自分のとまちがえて飲んでいた。
エリック ワインの味もわからないやつが。ふざけるな！

  ミシェルがぼくのタオルをまちがえて持って行こうとした。
エリック すぐにあやまったから、許してやったけど。

Discussion 1

マンガ①②のキャラの気持ちを考えましょう。

① エリック　例）自分のワインを飲んだアダムに腹を立てている。

　　アダム

② エリック

　　ミシェル

Discussion 2

このエピソードから、どんな人だと思いますか。

　　エリック

　　アダム

　　ミシェル

☺❤ 17 | どちらがいいですか

キャラクターを理解（りかい）しましょう。
あなたならどうするか考（かんが）えましょう。

① 17_1

- あ、エレナさん、新しいテーブルクロス
- ブルーとグレー、どちらがいいと思（おも）う？
- え？どちらでもいいですけど
- えっ、あ、そう？

② 17_2

- あ、ミシェルさん、新しいテーブルクロス
- ブルーとグレー、どちらがいいですか
- そうですね。どちらもいいですね
- 正子さんはどちらが好（す）きですか
- 私（わたし）？私（わたし）はグレーの方（ほう）が好（す）きだけど…

□ ちゃんと〜する：do 〜 properly　好好地　làm 〜 cẩn thận
□ 〜まで（私の意見まで）：even 〜　连……都(连我的意见都……)　chẳng qua chỉ là 〜 (chẳng qua chỉ là ý kiến của tôi)

キャラの気持ち 17_3

❶ 正子 ○○ 聞いているんだから、ちゃんと考えてほしかった。

❷ 正子 ○○ ミシェルさんは、ちゃんと考えてくれて、私の意見まで聞いてくれた。ミシェルさんに相談してよかった。

Discussion 1

マンガ①②のキャラの気持ちを考えましょう。

① 正子　例)どちらがいいか聞いているのに、ちゃんと考えてくれないエレナに腹を立てている

　　エレナ

② 正子

　　ミシェル

Discussion 2

1. だれの気持ちに共感しますか。共感する人にチェックを入れてください。

　　□ 正子　　　□ エレナ　　　□ ミシェル

2. なぜ共感するか、話し合ってみましょう

Discussion 3

あなたならどう答えますか。1)〜4)から選んでください。

正子　：新しいテーブルクロス、ブルーとグレー、どちらがいいと思う？
あなた：1)よく考えて、いいと思うほうを答える
　　　　2)どちらでもいいと答える
　　　　3)正子さんの意見を聞く
　　　　4)その他(　　　　　　　　　　　)

❤ 18 │ 窓を開けましょうか

あなたならどうするか考えましょう。

□ 悪いからいい：It's asking too much, so don't worry about it　不好意思，还是算了。　nhận ra
□ 気がつく：notice　注意到。察觉。　thôi khỏi đi
□ 遠慮する：hesitate (to receive help, etc.)　客气　làm khách, khách sáo
□ 洗濯物：laundry　洗的衣物　đồ giặt

54

キャラの気持ち 18_3

❶

正子

ミシェルさんは私がしてほしいことによく気がついて、ほんとにいい子ね。

❷

正子

アダムさんに遠慮なんてするんじゃなかった。

Discussion 1

あなたは前田ハウスに住んでいます。正子さんがよろこぶ答えを考えてみましょう。

①正子　：あ、雨がふってきた。洗濯物、入れなくちゃ。

あなた：＿＿＿＿＿＿＿＿＿＿＿＿＿＿＿＿＿＿＿＿＿＿

②正子　：（キッチンで）あら、しょうゆがないわ

あなた：＿＿＿＿＿＿＿＿＿＿＿＿＿＿＿＿＿＿＿＿＿＿

正子　：ありがとう。でも、悪いからいいわ。

あなた：＿＿＿＿＿＿＿＿＿＿＿＿＿＿＿＿＿＿＿＿＿＿

Discussion 2

みんなで話しましょう。

1．正子さんはなぜアダムに、「悪いからいいわ」と言いましたか。

2．相手が遠慮しているかどうかわからないとき、どうしたらいいと思いますか。
　　気持ちやマナーの面から考えてみましょう。

言い方で変わるメッセージをつかみましょう。

☐ 思ったほどじゃない：not as much as one thought　没有想的那么……　không đến mức như tôi nghĩ
☐ 無駄：waste　浪费　lãng phí

キャラの気持ち

1
エリック

楽しみにしていた映画は、思ったほどおもしろくなかった。
お金と時間の無駄だった。

2
ミシェル

テストが終わった。テストの前はとても心配だったけど、思ったほど難しくなかった。ああ、よかった！

★★ Brush up 1

😊（よい）　😣（よくない）の気持ちで言ってみましょう。

A：週末はどうでしたか？
B：① 😊 まあまあでした。
A：楽しかったんですね。

A：週末はどうでしたか？
B：② 😣 まあまあでした。
A：楽しくなかったんですか。

天気・新しいレストラン・旅行　でも言ってみましょう。

★★ Brush up 2

音声を聞いて、答えを選んでください。

例）ミシェル：おはよう、グェン、今日の天気はどう？
　　グェン　：まあまあだよ。
　　ミシェル：じゃあ、（ⓐ さんぽしようかな。　b. もう一回寝よう。）

①アダム：正子さん、駅前の新しいレストラン、どうでしたか？
　　正子　：まあまあでしたよ。
　　アダム：（a. ぼくも行きたいな。　b. そうですか。残念。）

②クラスメートA：テスト、どうだった？
　　クラスメートB：まあまあだった。
　　クラスメートA：（a. そう。よかったね。　b. 私も。次はがんばろうね。）

♥20 ┃ じゃ、それにします

あなたならどうするか考えましょう。

□ どうしても：by all means　无论如何也。一定。　dù sao đi nữa
□ 気分：mood　心情。情绪。　tâm trạng
□ お世話になる：receive support　得到帮助　tôi sẽ được bạn giúp đỡ
□ 通訳：interpretation　翻译　sự phiên dịch
□ 無理をして：forcing oneself to　勉强　cố quá sức

キャラの気持ち

1
グェン

○○⌇ 初めての店だから、正子さんのおすすめにしてみた。

2
ミシェル

○○⌇ 正子さんのおすすめもおいしそうだったけど、今日はどうしてもチョコレートケーキを食べたかった。正子さん、気分を悪くしてないよね。

📑 Discussion 1

1．だれの気持ちに共感しますか。共感する人にチェックを入れてください。

  □ 正子   □ アダム   □ グェン   □ ミシェル

2．なぜ共感するか、話し合ってみましょう。

📑 Discussion 2

あなたならどうしますか。
a.～d.から選んで、その理由をみんなで話しましょう。

1．お世話になった先輩から頼まれた仕事をことわるときの答え方

  先輩 ：今度の週末、通訳をお願いしたいんだけど。
  あなた：週末／通訳ですか…

  a. 週末はゆっくり休みたいので…   b. その日は予定があって…
  c. 自信がないので…   d. その他（   ）

2．友だちのお母さんに、あなたのきらいな食べ物をすすめられたとき（友だちは日本人／他の国の人、どちらでもいいです）

  a. 正直にきらいだと言ってことわる   b. 無理をして食べる
  c. 理由を言ってことわる（理由：   ） d. その他（   ）

21 来ないね

キャラクターを理解しましょう。

□ （時間が）過ぎる：(time) passes　（时间）过去。逝去。　quá (giờ)
□ あちこち：all around　到处　đó đây
□ 腹がへる：become hungry　肚子饿　đói bụng
□ 待ち合わせ：meeting (for a date, etc.)　约会。见面。　hẹn nhau
□ 集合する：gather　集合　tập trung

キャラの気持ち

❶
エリック

もう20分も待っているのに、アダムたちが来ない。
遅れるのに電話もしないなんて、信じられない！

❷
グェン

待ち合わせにエリックたちが来ない。
ぼくが店の場所を聞きまちがえたのかな。どうしようー！

🗨 Discussion 1

キャラの気持ちを考えましょう。

エリック　例)待ち合わせの時間に全員集合していないからイライラしている。
ミシェル
エレナ
アダム
グェン

🗨 Discussion 2

次のa.〜e.は、だれのことだと思いますか。

a. まちがいが許せない
b. どうしてまちがえたか考える
c. まちがえるのがこわい
d. まちがいを許せる
e. まちがいを気にしない

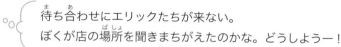

☐ エリック　　☐ ミシェル
☐ エレナ　　　☐ アダム
☐ グェン

🗨 Discussion 3

この後、エリックとミシェル、アダムとエレナとグェンのグループは、それぞれどうすると思いますか。

☺ ♥ 22 | ぼくが場所をまちがえたから

キャラクターを理解しましょう。
あなたならどうするか考えましょう。

□ 確認する：make sure　确认　xác nhận
□ ひどいこと：something terrible　粗暴的话语　điều khủng khiếp
□ 反省する：feel apologetic　反省　rút kinh nghiệm, kiểm điểm
□ 気にしなくていい：No problem　不必介意　không cần bận tâm

キャラの気持ち

1 グェン

あれ？思ったほどエリックに怒られなかった。もっとひどいことを言われると思ったのに。でもこれからは気をつけよう。怒られるの、こわいし。

2 グェン

ミシェルもアダムも許してくれた。たぶんエレナも。ああ、よかった。

Discussion 1

グェンは「思ったほど、エリックに怒られなかった」と言っています。エリックはどうしてグェンをあまり怒らなかったと思いますか。
a.〜c.から選んでください。

a. 怒って帰ったことを自分も反省しているから。
b. グェンが部屋まで来てあやまったから。
c. もう怒ってないから。

Discussion 2

あなたは前田ハウスに住んでいます。あやまりに来たグェンに、あなたならどう答えますか。
a.〜d.から選んでください。

a. 今度はぜったいまちがえないでね。
b. 許せないよ。
c. 気にしなくてもいいよ。
d. その他（　　　　　　　　　　）

23 （アダム編）ぼくの部屋より広いね

キャラクターを理解しましょう。

□ 人生：life　人生　cuộc đời
□ 片付ける：tidy up　收拾。整理。　dọn dẹp
□ 悩み：worry　烦恼　sự lo lắng, sự phiền não

キャラの気持ち

❶
エリック

ぼくの部屋は片付いているから広く見えるんだ。アダムも片付けろ。

❷
グェン

アダムには悩みとか不安とかないのかなぁ。仕事より大事なことって何だよ。
ぼくはいろいろ考えると不安でしょうがなくなるよ。

💬 Discussion 1

マンガ①と②の４コマ目の後、アダムは何と言うと思いますか。

①エリック：ぼくの部屋は片付いているから広く見えるんだよ。

アダム　：<u>うそーっ!!</u>

②グェン　：え？あ、はい…。
　　　　　でも、大事なことって、たとえば何？

アダム　：_____

💬 Discussion 2

このエピソードから、アダムがどんな人だということがわかりますか。
これまでのストーリーも思い出して話しましょう。

あなたならどうするか考えましょう。
キャラクターを理解しましょう。

☐ 燃えないごみ：non-combustible garbage　不可燃垃圾　rác không cháy
☐ 試合：game　比賽　trận đấu
☐ 当番：one's turn (to do a task)　値日。値班。　trực/ trực nhật
☐ 代わる：switch　代替　thay, thay thế

キャラの気持ち

❶
正子

グェンさんは、まだごみの日を覚えていないみたい。困ったわねぇ。

❷
グェン

アダムにそうじ当番の日を聞くんじゃなかった。
すぐあそこから出て行けばよかった。

💬 Discussion 1

あなたならどう答えますか。どうしてそう答えますか。

①あなたはごみの日をまちがえました。
　正子　　：燃えないごみは何曜日？

　あなた：＿＿＿＿＿＿＿＿＿＿＿＿＿＿＿＿＿＿＿＿＿＿＿

②アダムはラグビーの試合が見たいので、そうじ当番の日を代わってほしいと思っています。
　アダム：あーあ、この日さー、ラグビーの試合があるんだよねー。

　あなた：＿＿＿＿＿＿＿＿＿＿＿＿＿＿＿＿＿＿＿＿＿＿＿

💬 Discussion 2

このエピソードから、グェンがどんな人だということがわかりますか。
これまでのストーリーも思い出して話しましょう。

♥ ☺ 25 ｜ （ミシェル編）あ、わかりにくかった？

あなたならどうするか考えましょう。
キャラクターを理解しましょう。

□ 描き直す：redraw　重新画　vẽ lại
□ 〜のせい：because of 〜　由于……的原因　bởi, tại 〜
□ 健康診断：health checkup　体检。健康检查。　khám sức khỏe
□ 申し訳なさそうに：apologetically　显得很难为情　không có vẻ gì là biết lỗi

キャラの気持ち

❶ へたな地図のせいで健康診断に遅れた。地図を描いたミシェルが本当に申し訳
エリック　なさそうにあやまるから、怒れなくなった。

❷ りんごが切れなくて困っていたら、ミシェルが切ってくれた。
グェン　ミシェルは何でも手伝ってくれる。やさしいな。

Discussion 1

あなたならどう答えますか。どうしてそう答えますか。

①エリックは、遅れたのは地図の描き方が悪いからだと思っています。
　エリック：病院の地図描いたの、だれだよ！道、まちがえて遅れちゃったよ！

　あなた　：私だけど。＿＿＿＿＿＿＿＿＿＿＿＿＿＿＿＿＿＿＿＿＿＿＿＿

②グェンはナイフがうまく使えません。
　グェン：このナイフ、切りにくくて…

　あなた：＿＿＿＿＿＿＿＿＿＿＿＿＿＿＿＿＿＿＿＿＿＿＿＿＿＿＿＿＿＿

Discussion 2

このエピソードから、ミシェルがどんな人だということがわかりますか。
これまでのストーリーも思い出して話しましょう。

❤😊26 （エリック編）え？食べないでやるの？

あなたならどうするか考えましょう。
キャラクターを理解しましょう。

1 26_1

あ、エリックさんお帰りなさい。ずいぶん遅いけど残業？
えぇ

夕食は？
いや、まだやることがあるので

え？食べないでやるの？

時間がないんです
だめよ、食べなきゃ

2 26_2

わはははは

おい、またそうじしないでテレビ見てるのか
困ったやつだな

だいじょうぶ、だいじょうぶ。後でやるから

何言ってるんだよ。今すぐやれよ！

□ ずいぶん：very　相当。非常。　khá là
□ 残業：overtime work　加班　làm thêm, làm ngoài giờ
□ 困ったやつ：pain in the neck　让人为难的家伙　người khó bảo, bó tay
□ なかなか〜しない：not get around to doing 〜　总也不……　mãi mà không 〜

キャラの気持ち

❶
正子

ごはんはちゃんと食べなきゃ。

❷
アダム

エリックはうるさいなぁ。後からそうじしても同じだろ。何がちがうんだよ！

Discussion 1

あなたならどう答えますか。どうしてそう答えますか。

①正子さんが忙しそうなあなたを心配して声をかけてくれました。
　　正子　：大変ねぇ。夕食は？

　　あなた：＿＿＿＿＿＿＿＿＿＿＿＿＿＿＿＿＿＿＿＿＿＿＿＿＿

②アダムはなかなかそうじを始めようとしません。
　　アダム：だいじょうぶ、だいじょうぶ。後でやるから。

　　あなた：＿＿＿＿＿＿＿＿＿＿＿＿＿＿＿＿＿＿＿＿＿＿＿＿＿

Discussion 2

このエピソードから、エリックがどんな人だということがわかりますか。
これまでのストーリーも思い出して話しましょう。

あなたならどうするか考えましょう。
キャラクターを理解しましょう。

1 27_1

エレナ、明日はパーティーだね

そうね。でも、遠いし、忙しいから私は行かない

あ、そう

2 27_2

エレナさん、お帰りなさい。お芝居はどうでした？

脚本がよかったしセットも悪くなかったし席もよかったから

8000円のチケットは高くなかったと思います

つまりおもしろかったの？どうだったの？

☐ お芝居：play　戏。戏剧。　vở kịch
☐ 脚本：script　剧本　kịch bản
☐ セット：set　舞台布景　bộ
☐ つまり：in other words　也就是说　tóm lại là
☐ 話にのる：show interest in something said　搭腔。搭话。　góp chuyện, góp lời
☐ 興奮する：be excited　兴奋。激动。　hưng phấn

キャラの気持ち

1
アダム

エレナにパーティーの話をしたけど、のってこなかった。ま、いっか。

2
正子

ふつう、お芝居を見て帰ってきたら、もっと興奮して話したくなるでしょ？それなのに、脚本やセットがどうだとかって…。私はお芝居がどうだったか聞きたいの！

 Discussion 1

あなたならどう答えますか。どうしてそう答えますか。

①アダムが明日のパーティーを楽しみにしています。
　アダム：明日はパーティーだね。

　あなた：_____

②あなたは、お芝居を見て帰ってきたら、すぐ正子さんに聞かれました。
　正子　：お芝居はどうでした？

　あなた：_____

 Discussion 2

このエピソードから、エレナはどんな人だということがわかりますか。
これまでのストーリーも思い出して話しましょう。

❓ 😊 28 ｜ 考え過ぎだよ

気持ちが伝わる言い方を考えましょう。
キャラクターを理解しましょう。

1 🎧 28_1
- ぼく、エレナにきらわれているかも
- えっ どうして？
- あまり話しかけてくれないし
- えーっ 考え過ぎだよ

2 🎧 28_2
- あっ、目が痛い
- ゲームのやり過ぎだろ

3 🎧 28_3
- アダムって責任感がなくてだらしなくて
- ほんと、どうしようもないやつだよな
- それは言い過ぎじゃない？

4 🎧 28_4
- 今通っている歯医者さん、何だかすごくやさしいの
- 好きって言われたらどうしよう
- ドラマの見過ぎ

□ 責任感がない：have no sense of responsibility　没有责任感　không có trách nhiệm
□ だらしない：lax　散漫。没规矩。　bừa bãi
□ どうしようもない：be hopeless　不可救药。无可奈何。　không còn cách nào
□ 自業自得：having only oneself to blame　自作自受。咎由自取。　ác giả ác báo
□ 何様：Who does he think he is?　什么大人物　anh gì, hoàn toàn

キャラの気持ち

ミシェル
　エレナはああいう人なのよ。

② エリック
　自業自得だよ。

エレナ
　エリックって何様なの？

④ エレナ
　大人には仕事用の顔があるのよ。

Brush up 1

音声を聞いて、言い方を練習しましょう。

①アダム　　：つかれたー。
　エリック：遊び過ぎだよ。

②グェン　　：明日のプレゼン、何も言えなくなったらどうしよう。
　ミシェル：心配し過ぎだよ。

③ミシェル：グェンの洗濯物たたんであげようかな。
　エレナ　　：世話し過ぎじゃない？

Discussion 1

a.〜d. は、アダム、エリック、エレナ、ミシェル、グェンのだれが言ったセリフだと思いますか。みんなで話しましょう。

①アダム　　：頭痛ーい。
　（　a.　）：飲み過ぎだよ。

②（　b.　）：アハハハハ　これミシェルが描いたの？これが犬？ハハハハハ
　ミシェル：もう。笑い過ぎ！

③（　c.　）：はぁ〜。東京は人が多過ぎるし、忙し過ぎるし。
　（　d.　）：じゃ、もう国に帰る？

キャラクターを理解しましょう。

□ もったいない：be a waste　可惜　đáng tiếc, tiếc
□ なつかしい：bring back fond memories　怀念。想念。　nhớ
□ うわさ話：gossip　闲话。传闻。　chuyện đồn đại
□ 観察力：powers of observation　観察力　khả năng quan sát
□ 参考になる：be informative　做参考　tham khảo

キャラの気持ち 29_3

1
ミシェル

男子のうわさ話は楽しい。エレナは観察力があるから、参考になるな。

2
グェン

正子さんもエリックもきびしい。そう思っていたのはぼくだけじゃなかった。アダムも同じ意見でうれしいな。きょうのお酒はいつもよりおいしい。

📋 Discussion 1

1. 前田ハウスの人たちはどんな人だと思いますか。

正子　　例) 前田ハウスの人たちのためにいろいろやってくれる人、ちょっときびしい人、…

エリック

アダム

エレナ

グェン

ミシェル

2. ①～③は、それぞれどんな関係だと思いますか。
   これまでのストーリーも思い出して話しましょう

   ①エリックとアダム
   ②ミシェルとグェン
   ③正子とエレナ

〈第1章〉まとめ

出会い「ようこそ、前田ハウスへ！」

新入りのグェンは、少しずつ生活に慣れて、ミシェルやアダムと友だちことばで話せるようになりました。とは言っても、前田ハウスの毎日は、きびしいエリック、いいかげんなアダム、クールなエレナなど、それぞれ個性的な住人たちのおかげで、あまり平和とは言えません。ある日、5人が居酒屋で待ち合わせをしたとき、グェンが場所をまちがえてしまい、エリックがカンカンになるという事件も起きました。その後も、小さな言い合いなどが続いていますが、この後どうなるのでしょうか。

---

1. Encounters   "Welcome to Maeda House!"

Nguyen has recently moved into Maeda House. He is gradually adjusting to his new life and now can communicate in casual Japanese with Michelle, Adam. Still, life at Maeda House isn't always peaceful, what with the diverse mix of personalities that inhabit it—for instance, Eric is strict, Adam is lax, and Elena is standoffish. One day, the five housemates decide to get together at a pub, but Nguyen goes to the wrong place and ends up ticking Eric off. This incident is followed by a spate of minor quarrels among the housemates. What happens next?

---

1. 相遇 "欢迎入住前田公寓"

　　新入住的小阮渐渐地习惯了这里的生活，与米歇尔和阿达姆说话也很随意，不拘谨了。但是，由于待人严格的艾利克、随随便便的阿达姆、酷飒的艾莱娜等几位房客个性独特，前田公寓的每一天并非风平浪静。有一天，五人约好在居酒屋见面，小阮记错了地方，让艾利克极其生气。之后也因一些琐事而口角不断，到后来他们又会有什么变化呢？

1.Gặp gỡ "Chào mừng bạn đến ngôi nhà Maeda!"

Bạn Nguyễn là người mới vào cũng đã dần quen với cuộc sống, và cũng đã có thể nói chuyện với Michel và Adam bằng ngôn từ thân mật. Dù vậy, mỗi ngày trôi qua ở ngôi nhà Maeda không thể nói là êm ả vì mỗi người sống trong ngôi nhà có một cá tính riêng, ví dụ như Eric kỹ tính, Adam dông dài, Elena lạnh lùng. Có một hôm, khi 5 người hẹn nhau ở một quán nhậu, đã xảy ra một việc là Nguyễn lại bị nhầm địa chỉ, nên Eric rất tức giận. Sau khi sự việc xảy ra vẫn còn có sự tranh luận nhỏ, nhưng không biết sau đây sẽ như thế nào?

第2章
だい　　しょう

衝突
しょう　と　つ

新しく入ったグェンも、前田ハウスに慣れてきましたね。し
かし、お互いを知って関係が近くなると、遠慮がなくなって、
いやな気持ちになることが多くなります。
どのようなことが原因で衝突し、それぞれどのような反応を
しているか。また、あなたはどのキャラクターに一番共感で
きるか、前田ハウスのメンバーと一緒に、経験して感じてみ
てください。

言い方で変わるメッセージをつかみましょう。

□ 昼過ぎ：past noon　中午过后。过了12点。　quá trưa
□ だらしない：slothful　懒散。没规矩。　bừa bộn
□ えらい：be admirable　伟大。了不起。　vĩ đại, đáng khen

♥ キャラの気持ち

❶
正子

　アダムさん、昼過ぎまで寝ているなんて。だらしない。

❷
正子

　ミシェルさん、こんな時間まで寝ないで勉強しているなんて、えらいわ。

▪★ Brush up 1 🎧30_4

音声を聞いて、😠（怒り）🙁（心配）の気持ちで言ってみましょう。

例）正子　　　：😠まだ飲んでるの？
　　ミシェル：🙁まだ飲んでるの？

①正子　　：😠アダムさん、まだ飲んでるの？
　アダム：すみませーん、もう寝まーす。

②ミシェル：🙁グェン、まだ飲んでるの？ 明日も早いんでしょ。
　グェン　：うん、そうだね。もう寝るよ。

▪★ Brush up 2 🎧30_5

1. 音声を聞いてください。＿＿＿＿＿＿は😠🙁のどちらですか。
2. 気持ちを考えて言い方を練習しましょう。

例）正子　　：😠まだ寝てるの？
　　アダム：すみませーん、今、起きます。

①　ミシェル：まだ熱が下がらないの？
　　グェン　：うん、薬飲んだんだけど…。ありがとう。

②　エリック：まだ？遅れちゃうよ。早く！
　　アダム　：はいはい、あと１分待って。

キャラクターを理解しましょう。
あなたならどうするか考えましょう。

□ めんどう：a pain　麻烦　chăm sóc, phiền toái
□ 反応する：react　做出反应　phản ứng

♥ キャラの気持ち

① アダム

エレナなら絶対知っているはずだから、すぐ教えてくれると思ったのになぁ。冷たいなぁ。

② グェン

ミシェルって親切だなぁ。彼女に聞いてよかった。

🗨 Discussion 1

マンガ①で、エレナは、なぜアダムに「辞書見たら？」と言ったと思いますか。
エレナの気持ちを考えてみましょう。

a. 自分もわからなかったから。
b. 答えるのがめんどうだったから。
c. アダムが自分で調べたほうが覚えると思ったから。
d. その他（　　　　　　　　）

🗨 Discussion 2

1. マンガ②で、グェンは他の人にも同じ質問をしたと思いますか。どうしてそう思いますか。

　　□ エリック　　　□ アダム　　　□ 正子

2. グェンに聞かれたら、それぞれのキャラはどう反応したと思いますか。

🗨 Discussion 3

あなたは、忙しいとき、友だちにどう答えますか。

友だち：これ日本語で何て言うの。
あなた：a. さあ…。辞書見たら？
　　　　b. さあ…。ちょっと待って。今、調べてあげる。
　　　　c. その他（　　　　　　　　）

❓32 | 小さくなったと思わない？

気持ちが伝わる言い方を考えましょう。

1

🎧 32_1

建造さん、駅前の広場、きれいになりましたね

うん、歩道も広くなったしね

これで買い物カートや自転車が通ってもだいじょうぶですね

いや、自転車は歩道を走っちゃダメでしょ

あ、そうでした

2

🎧 32_2

ねえ、この店のケーキ、前より小さくなったと思わない？

ええ、値段は同じなのに

ひどいわね！

ひどいですね！

- ☐ 広場：plaza　广场　quảng trường
- ☐ 歩道：sidewalk　人行道　đường dành cho người đi bộ
- ☐ 値上げ：raising the price　涨价　tăng giá
- ☐ 頭に来る：makes one mad　生气　bực bội, tức giận
- ☐ おかず：side dish　菜肴　thức ăn

♥ キャラの気持ち

1
エリック

駅前がきれいになった。広場がきれいになったし、歩道も歩きやすくなったし。
いいことだ。

2
正子

このケーキ、値段が同じで小さくなるって、どういうこと？
値上げしたのと同じじゃない。頭に来ちゃう！

Brush up 1

音声を聞いて、😊（うれしい）😣（いやだ）の気持ちで言ってみましょう。

A：日本語の勉強はどうですか。
B：①😣テキストが変わったら、急に難しくなりました。
　　②😣前より宿題が増えて、大変になりました。
　　③😊勉強のやり方がわかってきて、だいぶ楽になりました。

Brush up 2 🎧 32_5

音声を聞いて、返事を考えてください。

①グェン　：😣最近、この辺、自転車が多くなったよね。
　ミシェル：_____

②アダム　：😊最近、スーパーのおかずの種類、多くなったよね。
　ミシェル：_____

❤ 33 ┃ 終わってから食べませんか

あなたならどうするか考えましょう。

□ 思い切り：as much as one wants　尽情地　hết mình
□ とちゅう：while still doing　中途　giữa chừng
□ 進め方：how to carry out (a plan, etc.)　实施方式　cách tiến hành
□ 衝突する：butt heads　发生冲突　xung đột, va chạm

86

キャラの気持ち

❶
エリック

全部終わってから食べたほうが気分いいだろ、わかってないな、アダム！

❷
正子

家事を残したままだと、思い切り楽しめないのよね。

📝 Discussion 1

1．だれの気持ちに共感しますか。共感する人にチェックを入れてください。

マンガ① 　　□エリック　　　□アダム
マンガ② 　　□正子　　　　　□みどり

2．なぜ共感するか、話し合ってみましょう。

📝 Discussion 2

あなたならどうしますか。

1．宿題や仕事、家事のとちゅうで、おなかがすいて来たら、あなたはどうしますか。

2．授業のグループ活動や旅行、遊びの計画など、友人と一緒に何かをしているとき、おたがいに進め方ややり方がちがったら、あなたはどうしますか。どうすれば衝突しないで、うまく話が進められるでしょうか。

気持ちが伝わる言い方を考えましょう。
相手のメッセージを理解しましょう。

□ とげ：thorn　刺　gai
□ さわる：touch　摸。触摸　sờ, chạm
□ やけどする：burn oneself　烫伤　bị bỏng
□ 流し：sink　洗碗池　bồn rửa

キャラの気持ち

❶
正子

だから手ぶくろをすすめたのに。
アダムさんは人の話を聞かないからケガをするのよ。

❷
正子

エレナさんは、注意がちゃんと伝わるわね。

Brush up 1

1. 音声を聞いてください。どんな気持ちで言っていますか。

①スイカは塩をかけるとおいしいよ。
②そのなべ、さわるとやけどしますよ。

2. Bの返事を聞くと、Aはどんな気持ちになると思いますか。

③（スイカを食べながら）
　A：スイカは塩をかけるとおいしいよ。
　B：そうですか。（そう言って何もしない）

④A：そのなべ、さわるとやけどしますよ。
　B：だいじょうぶです。

Brush up 2 🎧34_5

音声を聞いて、返事を考えてください。

①アダム　　　：最近、よくねむれないんだ。
　ミシェル：ハーブティーを飲むとねむれるよ。
　アダム　　　：_____

②正子　　　　：グェンさん、まだいたの？早くしないと遅刻しますよ。
　グェン　　　：_____

🄰35 | どうしようかな

言い方で変わるメッセージをつかみましょう。

□ 気を使う：be mindful of　顧慮。考慮。　quan tâm, để ý
□ 文句：complaint　抱怨。意见。　từ, lời than phiền
□ 福引：drawing　彩票抽奖　bốc thăm trúng thưởng
□ 商品券：gift certificate　商品券。代金券。　phiếu mua hàng

キャラの気持ち

❶
ミシェル

　夏休みなんて好きなときに取ればいいのに。
　グェンは、他の人たちに気を使い過ぎじゃない？

❷
正子

　アダムさん、案内してあげるなんて、いいとこあると思ったら…女の人なのね。
　恋人かしらね。

🔳⭐ Brush up 1

マンガ①②の「どうしようかな」は、どんな気持ちで言っていると思いますか。

①　　a. 他の人たちと同じときに休んで楽しみたい
　　　b. だれにも文句を言われないように、休みの日を決めたい

②　　a. 案内する場所を考えて楽しんでいる
　　　b. 案内する場所を考えて困っている

🔳⭐ Brush up 2

音声を聞いてください。ミシェルとグェンが悩んでいます。それぞれの気持ちを理解したアドバイスをしてください。

①ミシェル：どうしようかな。
　あなた　：どうしたの？
　ミシェル：スピーチのテーマが決まらなくて。
　あなた　：_____

②グェン：どうしようかな。
　あなた：どうしたの？
　グェン：福引で１万円分の商品券が当たっちゃったんだ。
　あなた：_____

どうしようかな

気持ちが伝わる言い方を考えましょう。

□ 町内会：neighborhood association　居委会　đoàn thể khu phố
□ お国自慢：pride of one's country　夸耀自己的家乡　điều đáng tự hào của quê hương bạn
□ いよいよ：at long last　终于　sắp, chuẩn bị
□ けっこう：quite　相当。非常。　tương đối, khá là
□ たりる：be enough　够　đủ

キャラの気持ち

❶
エリック

明日の町内会のイベント、みんながうまくできるか心配だよ。

❷
グェン

難しいって、何だよ。ぼくには無理だって言いたいの？

Brush up 1

音声を聞いて、言い方を練習しましょう。

例） エリック：本当にだいじょうぶかな。(ひとりごと)
　　 グェン　：ぼくがもらってもいいかな。(相手に聞いてみる)

ひとりごと
　①(空を見て) 雨、ふるかな。　　②(時計を見ながら)間に合うかな。

相手に聞いてみる
　③グェン：あれ？何かあったのかな。
　　アダム：そうだね、行ってみよう。
　④友だちA：パーティー、だれが来るかな。
　　友だちB：そうだね、楽しみだね。

Brush up 2

音声を聞いて、会話を完成させてください。

①グェン　：(さいふの中を見て)あ、1,000円しかない。お金たりるかな。
　ミシェル：＿＿＿＿＿＿＿＿＿＿＿＿＿＿＿＿＿＿＿＿＿＿
　グェン　：＿＿＿＿＿＿＿＿＿＿＿＿＿＿＿＿＿＿＿＿＿＿

②グェン：新しい部長は、どんな人かな。
　同僚　：＿＿＿＿＿＿＿＿＿＿＿＿＿＿＿＿＿＿＿＿＿＿
　グェン：＿＿＿＿＿＿＿＿＿＿＿＿＿＿＿＿＿＿＿＿＿＿

♥37 | 早く来てね

あなたならどうするか考えましょう。

□ 腹を立てる：become angry　生气　bực mình
□ 情報：information　信息。消息。　thông tin

キャラの気持ち

① 今日は庭そうじの日なんて、言われなくても知ってるよ。まだ時間があるから本を読んでたんだよ。

エリック

② そうだ！今日は庭そうじの日だった。忘れてた。すぐに行かなきゃ。

アダム

📣 Discussion 1

1. 正子さんは、エリックに「知ってます」と言われて、腹を立てました。どうしてだと思いますか。

2. 正子さんは、エリックに何と言ってほしかったと思いますか。

📣 Discussion 2

正子さんが次のa.〜c.について教えてくれましたが、それは、あなたがもう知っている情報でした。正子さんがいやな気持ちにならないように返事してください。

a. 正子 ：エレナさんが作るパスタはおいしいわよ。

あなた： _____

b. 正子 ：日本人はシャワーよりお風呂が好きな人のほうが多いのよ。

あなた： _____

c. 正子 ：そのコート、ボタンが取れそうですよ。

あなた： _____

◉ 38 | ふたが開かない！

キャラクターを理解しましょう。

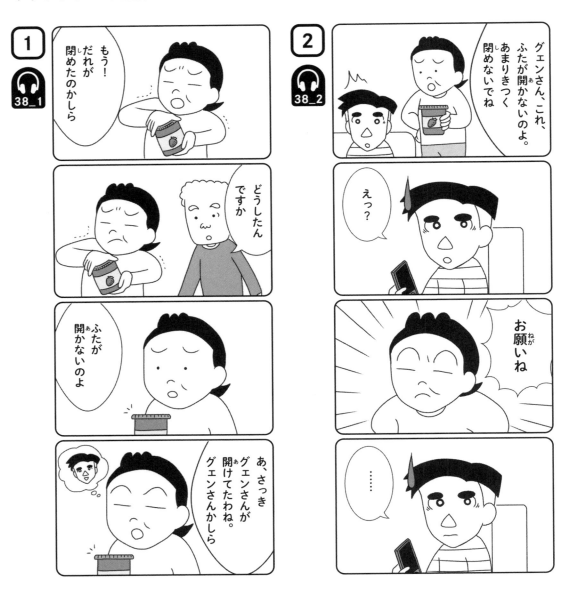

□ ふた：lid　盖子　nắp
□ きつく（閉める）：tightly　（拧得）紧　chặt（đóng）
□ 衝突する：butt heads　发生冲突　xung đột, va chạm
□ 言い返す：say back　反驳。回嘴。　nói lại

キャラの気持ち

1
正子

ビンのふたをきつく閉めた犯人は、ぜったいグェンさんにちがいない。
注意しとかなきゃ。

2
正子

グェンさんにちゃんと注意できてよかった！
これで次からはだいじょうぶね。

 Discussion 1

マンガ①と②から、正子さんはどんな人だと思いますか。

 Discussion 2

ふたをきつく閉めたのはあなたではありません。正子さんと衝突しないように答えてください。

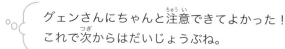
正子　：これ、あまりきつく閉めないでね。
あなた：＿＿＿＿＿＿＿＿＿＿＿＿＿＿＿＿

 Discussion 3

ふたをきつく閉めたのは、グェンではありません。
どうしてグェンは、正子さんに何も言い返さなかったと思いますか。

❤️😊39 ｜ やめてほしいよ

あなたならどうするか考えましょう。
キャラクターを理解しましょう。

□ 迷惑メール：spam　垃圾邮件　email làm phiền, email rác
□ セキュリティソフト：security software　安全软件　phần mềm đảm bảo an ninh
□ 役に立つ：be of use　有用。有帮助。　có ích
□ 緊張する：feel nervous　紧张　hồi hộp, căng thẳng

キャラの気持ち

①

グェン

せっかくエリックにいいセキュリティソフトを教えてあげようと思ったのに、あんな言い方されるとは思わなかったよ。声をかけなきゃよかったな。

②

グェン

正子さんが変にやさしい声で話しかけてくるから緊張したよ。
なあんだ、パソコンのことか。ああ、よかった。

📑 Discussion 1

1. キャラの気持ち**①**で、グェンが「あんな言い方されるとは思わなかったよ」と言っています。エリックの何が問題だったのでしょうか。

2. マンガ①の4コマ目で、グェンはどう答えればよかったと思いますか。

📑 Discussion 2

キャラの気持ち**②**で、グェンが正子さんに話しかけられて緊張したと言っています。
どうしてだと思いますか。

?40 || やだなぁ (終助詞⑤「なぁ」)

気持ちが伝わる言い方を考えましょう。
言い方で変わるメッセージをつかみましょう。

☐ 何でもない：It's nothing　不要紧。没关系。　không có gì cả
☐ マジシャン：magician　魔术师　nhà ảo thuật
☐ 反応する：react　做出反应　phản ứng
☐ ユーチューバー：YouTuber　YouTube博主　Youtuber
☐ 詐欺にひっかかる：be taken in by a scam　上当受骗　bị lừa

♥ キャラの気持ち 40_5

❶ エリック

だれもいないと思ったのに、ミシェルに聞かれるなんて。気をつけなくちゃ。

❷ グェン

なんだ、あれ。そういうことじゃないんだけど。

❸ アダム

マジシャンってほんとすごい。どうやったのか知りたいよー！

❹ ミシェル

私も空飛んでみたーい。すっごく気持ちよさそう。

Brush up 1 🎧 40_6

音声を聞いてください。気持ちを考えて言ってみましょう。

①つかれたなぁ　②いやだなぁ　　③すごいなぁ　④うらやましいなぁ　⑤いいなぁ
⑥きれいだなぁ　⑦もう帰りたいなぁ　⑧ばかだなぁ　⑨会いたいなぁ

Brush up 2

キャラクターたちのひとりごとを聞いて、何か反応しましょう。

例）ミシェル：国に帰りたいなぁ。
　　あなた　：どうしたの？ホームシック？

①（パンフレットを見ながら）
　アダム：ここ、行きたいなぁ。
　あなた：＿＿＿＿＿＿＿＿＿＿＿＿＿＿＿＿＿

②（スマホを見ながら）
　グェン：いいなぁ、ユーチューバーは。好きなことしてお金もらえて。
　あなた：＿＿＿＿＿＿＿＿＿＿＿＿＿＿＿＿＿

③（ニュースを見ながら）
　エリック：バカだなぁ。こんな詐欺にひっかかるなんて。
　あなた：＿＿＿＿＿＿＿＿＿＿＿＿＿＿＿＿＿

？41 えっ！飲まないの／んですか!?
(終助詞⑥「の」)

気持ちが伝わる言い方を考えましょう。
言い方で変わるメッセージをつかみましょう。

41_1

41_2

41_3

41_4

□ 二日酔い：hangover　宿醉　say rượu 2 ngày
□ 賞味期限：best before date　保质期　thời hạn sử dụng
□ 好奇心：curious　好奇心　trí tò mò
□ 支度をする：get ready　准备　chuẩn bị
□ 大臣：minister of state　大臣。部长。　Bộ trưởng

キャラの気持ち

❶

エリック＆グェン

アダムがお酒のさそいをことわるなんて、信じられない。

❷

アダム

あのヨーグルトまだ食べられるのに、すてちゃうなんて、ほんとがっかり。

❸

正子

アダムさんたら、本当に出かけるのが好きね。

❹

正子

エリックさんが早く寝るなんて、珍しい。

⭐ Brush up 1

音声を聞いてください。（　）の気持ちを考えて、言い方を練習してください。

①何見てるの？
（好奇心）

②もう出かけるの？
（驚き）

③こんなに遅くどこ行くの？
（心配）

④また割ったの？
（怒り）

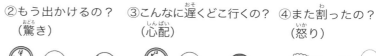

⭐ Brush up 2

音声を聞いて、返事を考えてください。

①ミシェル：そんなにドレスアップして、どこ行くの？（好奇心）

　エレナ　：_____

②（授業が終わっていないのに帰り支度をしているあなたを見て）

　クラスメート：あれっ？もう帰るの？（驚き）

　あなた　　　：_____

③正子：また大臣変わるの？（怒り）
　建造：_____

❓ **41** えっ！飲まないの／んですか!?（終助詞⑥「の」）

気持ちが伝わる言い方を考えましょう。
言い方で変わるメッセージをつかみましょう。

1 🎧42_1

何!?この水の中の黒いもの

だんだん大きくなってきた！

ああ、ひじきね。それは5分くらいで10倍にふえるわよ

すっごーい！おもしろーい！

2 🎧42_2

気持ち悪くなってきた

弱いくせにそんなに飲むからだよ

すみません

□ ひじき：hijiki (type of edible seaweed)　羊栖菜。鹿尾菜。　tảo hijiki
□ 10倍：ten times　十倍　10 lần
□ 吐く：vomit　呕吐　nôn
□ 推理小説：mystery novel　推理小说。侦探小说。　tiểu thuyết trinh thám
□ 苗：seedling　苗。幼苗。　mầm, cây con
□ シンク：sink　洗碗池　chậu, thùng

104

キャラの気持ち

❶
アダム

こんなの初めて見た。ひじきって何？調べてみよう。

❷
グェン

なんだか、気持ち悪い…。うわぁ、どうしよう。吐きそう。

Brush up 1

音声を聞いて、言い方を練習してください。

①２時間ユーチューブを見続けている→飽きてきた。
②１時間推理小説を読み続けている→おもしろくなってきた。
③10分前に頭痛薬を飲んだ→よくなってきた。

Brush up 2

1.（ ）の気持ちを理解してから、セリフを考えてください。

2. 会話練習をしましょう。

例）友だちＡ：見て。先月植えた花の苗。大きくなってきた。（うれしい）
　　友だちＢ：よかったね。

①（居酒屋で）　　友だちＡ：なんだかねむくなってきた。（もう寝たい）
　　　　　　　　友だちＢ：＿＿＿＿＿＿＿＿＿＿＿＿＿＿＿

②（山登りを始めて５分後）　友だちＡ：もうやだ。つかれてきた。（休みたい）
　　　　　　　　あなた　：＿＿＿＿＿＿＿＿＿＿＿＿＿＿＿

③（シンクをみがきながら）　友だちＡ：見て。ピカピカになってきた。（ほめてほしい）
　　　　　　　　あなた　：＿＿＿＿＿＿＿＿＿＿＿＿＿＿＿

?43 ┃ 失敗しても…

気持ちが伝わる言い方を考えましょう。
言い方で変わるメッセージをつかみましょう。

□ 陶芸：pottery making 　陶瓷工艺 　làm đồ gốm
□ まいる：be overwhelmed 　受不了。吃不消。 　đi, đến
□ 元通り：same way it was 　原样。原状。 　như cũ
□ 肯定的：positive 　肯定的。积极的。 　mang tính khẳng định
□ 否定的：negative 　否定的。消极的。 　mang tính phủ định

キャラの気持ち

❶ つれるかつれないかは問題じゃないんだ。つりをする意味は他にあるんだよ。
建造

❷ 庭は好きだけど、雑草には本当にまいっちゃう。
正子　　どんなにがんばって抜いても、すぐ元通りなんだから。

Brush up 1

音声を聞いて、a.😊(肯定的) b.😣(否定的)の気持ちで言ってみましょう。

例）a. この料理は冷めてもおいしいよ。　　b. 薬飲んでもよくならないんだ。

a. ①そんなにがんばらなくてもいいよ。
　　②ねむくても毎朝、犬の散歩をしなきゃ。
　　③きらいでも野菜は食べたほうがいいよ。

b. ④練習しても全然上手にならないんだ。
　　⑤何度連絡しても、返事が返ってこないんだけど。
　　⑥最近、寝ても疲れが取れなくて。

Brush up 2

1.（　）の気持ちを理解してから、セリフを考えてください。

2. 会話練習をしましょう。

①アダム　　：漢字なんて練習してもすぐ忘れちゃうよ。(なぐさめてほしい)
　ミシェル：＿＿＿＿＿＿＿＿＿＿＿＿＿＿＿＿＿＿＿

②ミシェル：明日雨だったらキャンプどうするの？
　アダム　　：雨が降ってもキャンプするよ。(当然でしょ)
　ミシェル：＿＿＿＿＿＿＿＿＿＿＿＿＿＿＿＿＿＿＿

③同僚A：がんばっても給料上がらないよね。(共感してほしい)
　同僚B：＿＿＿＿＿＿＿＿＿＿＿＿＿＿＿＿＿＿＿

? 44 ｜ ヒッチハイクしたり 山に登ったり

気持ちが伝わる言い方を考えましょう。
言い方で変わるメッセージをつかみましょう。

1　44_1

- はぁ
- どうした？
- 毎日、会議に出たりシステム考えたり…
- そうだけど…　仕事だからね

2　44_2

- アダムは今の生活、好き？気に入ってる？
- もちろん。ヒッチハイクしたり山に登ったり…楽しいよ！
- いいなぁ

☐ 向いていない：not cut out for　不适合　không hợp
☐ 資料：data　资料　tài liệu
☐ 報告書：report　报告　báo cáo
☐ わめく：shout　大声喊叫　hét lên

キャラの気持ち

❶
グェン

毎日おもしろくないことのくり返し。今の仕事、向いてないのかなぁ。

❷
グェン

アダムがうらやましい。毎日好きなことばかりやってて。

Brush up 1

音声を聞いて、a.😄（楽しい）　b.😣（いやだ）の気持ちで言ってみましょう。

例）a. 😄アニメ見たりゲームしたり、楽しいなぁ。
　　b. 😣資料調べたり報告書書いたり、大変だったよ。

　　a. 😄　　①食べたり飲んだり、楽しいなぁ
　　　　　　②歌ったりおどったり、楽しいなぁ

　　b. 😣　　③泣いたりわめいたり、大変だったよ。
　　　　　　④そうじしたり洗濯したり、大変だったよ。

Brush up 2

（　）のグェンの気持ちを考えて、グェンをはげましてください。

①グェン：はぁ。毎日、会議に出たり、システム考えたり…。（いやだ）
　あなた：＿＿＿＿＿＿＿＿＿＿＿＿＿＿＿＿＿＿＿＿＿

②グェン：いいなぁ。ヒッチハイクしたり、山に登ったり…。（うらやましい）
　あなた：＿＿＿＿＿＿＿＿＿＿＿＿＿＿＿＿＿＿＿＿＿

気持ちが伝わる言い方を考えましょう。
言い方で変わるメッセージをつかみましょう。

1
45_1

見て見て、あの人。ハーモニカふきながらギターひいてる！

上手ね

2
45_2

あ、あの人、電話しながら自転車のってる

あぶないわねぇ

たばこすいながら歩いてる！

あら、ほんと！迷惑ね

□ 器用：dexterous　灵巧　sự khéo léo
□ 演奏する：perform　演奏　diễn tấu
□ 腹が立つ：become angry　生气　bực tức
□ ジャグリング：juggling　手技杂耍　tung hứng
□ 一輪車：unicycle　单轮车　xe 1 bánh

♥ キャラの気持ち

1
アダム

器用だねぇ。二つ一緒に演奏できるなんて。

2
エリック

ルールを守らない人が多過ぎる。ああいう人を見るとほんと腹が立つ。

Brush up 1

音声を聞いて、a. 😃 (感心) b. 😱 (非難)の気持ちで言ってみましょう。

a. 😃 　①肉焼きながらスープ作ってる。
　　　　②ジャグリングしながら一輪車に乗ってる。

b. 😱 　③（テストで）隣の人見ながら答え書いてる。
　　　　④（授業中）メールしながら話聞いてる。

Brush up 2

1.（ ）の気持ちを理解してから、セリフを考えてください。

2.会話練習をしましょう。

①アダム　：わぁ、見て。フラフープしながら、
　　　　　　つなわたりしている。（感心）

　ミシェル：_____

②正子：あぶないわねぇ、あの人。スマホ
　　　　見ながらホーム歩いてる。（非難）

　建造：_____

❓46 │ 自転車貸してくれない？

気持ちが伝わる言い方を考えましょう。

1 🎧 46_1

2 🎧 46_2

□ パンクする：get a flat　爆胎　xịt lốp, nổ lốp
□ 肩をもむ：rub (someone's) shoulders　按摩肩膀　bóp vai
□ どかす：move (something) out of the way　移开。挪开。　dẹp đi

キャラの気持ち

❶ グェン

自転車使いたかったけど、エレナには借りたくないよ。

ミシェル、聞きに行かなくてもいいのになぁ。

❷ エリック

音楽聞くならドアを閉めろ！

■ Brush up 1

音声を聞いて、a.🙏（お願い） b.☝（命令）の気持ちで言ってみましょう。

a. 🙏 　①貸してくれない？　　②買ってきてくれない？
　　　　③教えてくれない？　　④ちょっと手伝ってくれない？

b. ☝　 ⑤閉めてくれない？　　⑥片付けてくれない？
　　　　⑦返してくれない？　　⑧早くしてくれない？

■ Brush up 2 🎧 46_5

音声を聞いて、言い方を練習しましょう。

①正子：肩、こっちゃった。ちょっともんでくれない？
　建造：いいよ。

②エリック：これ、じゃまだよ。あっちに置いてくれない？
　グェン　：ごめん。今どかすよ。

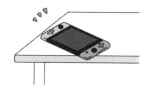

❓47 │ これ、いいかも！

気持ちが伝わる言い方を考えましょう。

□ はっきり：clearly　清楚。明确。　rõ ràng
□ 感想：impressions　感想　cảm tưởng
□ 迷う：have trouble deciding　犹豫。踌躇。　lạc

キャラの気持ち

① ミシェル 　天気が悪くなるのに山に行くなんてあぶないと思うけど。もっとはっきり言えばよかったかな。

② ミシェル 　こんなに便利なアプリがあるなんて知らなかった！ありがとう、グェン！

Brush up 1

1. マンガ①②でミシェルが言った「〇〇かも」は a.（アドバイス）、b.（感想）のどちらだと思いますか。

2. 音声を聞いて、言ってみましょう。

　①ねぇ、ここ図書館だし、静かにしたほうがいいかも。（アドバイス）
　②えっ、テスト30点！私もうダメかも！（感想）

Brush up 2

1. 友だちに感想や気持ちを言ってください。

　例）友だちからいいアイデアを聞いたとき→あ、それ、いいかも！

　① 新しいゲームがおもしろいとわかったとき→
　② かばんの中の携帯が見つからないとき→
　③ いやな人だがちょっといい人だと思ったとき→

2. 友だちにアドバイスをしてください。

　例）空がくもっている。出かけようとしているルームメイトに。
　　　→「雨が降りそうだよ。かさを持って行ったほうがいいかも」

　① 買い物中。白、青どちらのシャツを買うか迷っている友だちに
　　　→
　② 友だちとけんかして元気がないクラスメートに
　　　→

❓48 ┃ 行かなくちゃ！

気持ちが伝わる言い方を考えましょう。

□ 時間を守る：be punctual　守时　đúng giờ, tuân thủ thời gian
□ 言い返す：reply　反驳。回嘴。　nói lại
□ 体重計：bathroom scale　体重秤　cân đo trọng lượng cơ thể
□ きつい（言い方）：harsh　（说法）苛刻。严厉。　gay gắt (cách nói)

キャラの気持ち 48_3

エリック

言い返さないってことは、やっぱりやってないんだな。

2
エリック

時間に遅れるなんて、自分であっても許せない。

Brush up 1 48_4

音声を聞いてください。どんな気持ちで言っているかを考えて練習しましょう。

①娘：行ってきまーす。

　母：ダメでしょ。朝ごはん食べなくちゃ。

②（体重計にのってひとりごと）姉：どうしよう!? ダイエットしなくちゃ！

　（それを見て）弟：ムリ。

★ Brush up 2

キャラクターの気持ちを考えて言ってみましょう。

①エリック（期限を守らない部下に）：＿＿＿＿＿＿＿＿＿＿＿＿＿＿＿＿＿

②正子（手を洗わないで食べようとするアダムに）：＿＿＿＿＿＿＿＿＿＿＿＿

③グェン（明日は5時起き。夜ねむれなくてひとりごと）：＿＿＿＿＿＿＿＿＿

④ミシェル（棚に洗剤がないのを見てひとりごと）：＿＿＿＿＿＿＿＿＿

Discussion 1

①でグェンは風呂そうじをやっていたのに、エリックにきつい言い方をされました。

グェンの気持ちを考えてください。

エリックに何と言いたかったと思いますか。

エリック：だめだよ！ちゃんとやらなくちゃ。

グェン　：＿＿＿＿＿＿＿＿＿＿＿＿＿＿＿＿＿＿＿＿＿

☺❤49 ｜ さっきふいたばかりだよ！

キャラクターを理解しましょう。
あなたならどうするか考えましょう。

1

2

☐ （テーブルを）ふく：wipe　擦（桌子）　lau (bàn)
☐ 散らかす：make a mess　东西乱放　làm vung vãi, làm bừa
☐ 平気：not giving a care　不在乎。无所谓。　bình thường
☐ 感覚：feeling (as in attitude)　感觉　cảm giác
☐ 常識：common sense　常识　kiến thức thông thường
☐ 責任感が強い：have strong sense of responsibility　责任心强　tinh thần trách nhiệm cao

❤ キャラの気持ち 🎧 49_3

❶
エリック

散らかして平気な感覚が、まったく理解できない。

❷
エリック

何でもなくなったらすぐに買っておく！それが常識だ！

💬 Discussion 1

マンガ①②から、アダムとエレナは、それぞれエリックについてどう思ったでしょうか。

アダム（　　　　　　　　　）　　　エレナ（　　　　　　　　　）

a. きれい好き　　　b. 責任感が強い　　　c. もっと楽しくできないのか
d. また怒っている　　e. すぐ怒るからこわい　　f. その他（　　　　　　　　　　　　　）

💬 Discussion 2

返事を考えてください。

1. あなたは、エリックがふいたばかりのテーブルを汚してしまいました。

　　エリック：何、このテーブル!! ここ、さっきふいたばかりだよ！
　　①エリックに腹を立てて→あなた：_____
　　②けんかしたくないと思って→あなた：_____

　　あなたは①と②、どちらの言い方をしますか。

2. 牛乳を飲んだのはあなたではありません。

　　エリック：あれ？牛乳がない！昨日買ったばかりなのに、もうないのか！
　　　　　　　飲んだら買っとけよ！
　　①エリックに腹を立てて
　　　→あなた：_____
　　②けんかしたくないと思って
　　　→あなた：_____

　　あなたは①と②、どちらの言い方をしますか。

❤️ ☺ 50 ｜ この時間、こんでるよ

あなたならどうするか考えましょう。
キャラクターを理解しましょう。

□ ファミレス：family-friendly restaurant　家庭餐厅　quán ăn gia đình
□ 態度：attitude　态度　thái độ
□ 声をかける：call out to　打招呼。搭话。　gọi, bắt chuyện

120

キャラの気持ち

1 正子
°○〜 グェンさん、どうしたの？あの態度。

2 ミシェル
°○〜 アダムには、こんでるかどうかは関係ないのね。

💬 Discussion 1

あなたならどう答えますか。どうしてそう答えますか。

①ファミレスに行こうとしたら、正子さんが心配して声をかけてくれました。

正子　：この時間、こんでるわよ。

あなた：_____

②プールに行こうとしたら、ミシェルが心配して声をかけてくれました。

ミシェル：今日は日曜日でしょう。こんでるよ。

あなた　：_____

💬 Discussion 2

なぜグェンは、正子さんに何も返事をしないで出て行ったと思いますか。

51 宇宙人に会ったらどうする!?

キャラクターを理解しましょう。

□ ありえない：impossible　不可能　không thể có
□ 印象：impression　印象　ấn tượng
□ 冷静：calm　冷静。沈着。　bình tĩnh
□ おもしろみがない人：bland person　无聊、乏味的人　người không có sự thú vị
□ 現実的：realistic　现实。现实的。　một cách thực tế

キャラの気持ち

❶
ミシェル

エレナって冷たいな。
こういうときは、「残念だよねー」とか「そうだねー」とか言ってほしいのに…。

❷
アダム

ありえない話でもいいじゃないか。会話を楽しもうよ、エレナ。

💬 Discussion 1

1．マンガ①②の４コマ目の後で、エレナは何と言うと思いますか。

2．マンガ①②のエレナの印象は、それぞれどんなことばがぴったりだと思いますか。

    a．冷たい   b．冷静   c．おもしろみがない
    d．現実的   e．その他(   )

💬 Discussion 2

他のキャラがミシェルに話しかけられたら、何と答えるでしょうか。

ミシェル：（がっかりして）駅前のケーキ屋さん、アルバイト、もう決まったってことわられちゃった。

エリック：＿＿＿＿＿＿＿＿＿＿＿＿＿＿＿＿＿＿＿＿＿＿＿＿＿
グェン　：＿＿＿＿＿＿＿＿＿＿＿＿＿＿＿＿＿＿＿＿＿＿＿＿＿
アダム　：＿＿＿＿＿＿＿＿＿＿＿＿＿＿＿＿＿＿＿＿＿＿＿＿＿
あなた　：＿＿＿＿＿＿＿＿＿＿＿＿＿＿＿＿＿＿＿＿＿＿＿＿＿

52 | いいよ、泊まれなくても

あなたならどうするか考えましょう。

□ おせっかい：busybody　多管闲事。好事。　sự tọc mạch, sự can thiệp quá sâu vào việc người khác
□ 旅先：destination　旅途。旅游目的地。　điểm đến du lịch
□ 配慮する：show consideration　考虑。关怀。照料。　lưu tâm

キャラの気持ち

❶ アダムはまだ泊まるところを決めてないらしい。私が見つけてあげなきゃ！

ミシェル

❷ アダムは旅に慣れているから、ミシェルの心配は必要ないと思うけど。

エレナ

💬 Discussion 1

1．だれの気持ちに共感しますか。共感する人にチェックを入れてください。

  □アダム   □ミシェル   □エレナ

2．なぜ共感するか、話し合ってみましょう。

💬 Discussion 2

あなたならどうしますか。

1．あなたは旅に慣れているので、ホテルは旅先で探そうと思っています。
  もし、ミシェルが心配してホテルを見つけてくれたらどうしますか。

  a．お礼を言って、場所を聞く
  b．お礼は言うが、必要ないと言う
  c．その他(   )

2．ホテルを調べてくれたミシェルの気持ちに配慮しながら、1.を伝えてください。

  ミシェル：ねぇ、ホテル、見つけたよ！
  あなた　：_____

♥53 | すてちゃったの!?

あなたならどうするか考えましょう。

① 53_1

あれ？ここにあったパンフレットがない！

すてちゃったの!? な、なんで？

すてたよ

何度注意されても片付けないのか、いらないのかと思った

勝手なことするなよ！

さっさと片付けてればこんなことにはならなかったんだよ！どっちが悪いんだよ！

② 53_2

ちょっと！2人ともどうしたの!? 大きな声出して

エリックが勝手にぼくのものをすてちゃったから

アダムが片付けないからだろ！自業自得だよ！

まあまあ、どっちもどっちですよ、いいかげんにしなさい！

何だって!?

□ さっさと：promptly　赶快。赶紧。　mau lẹ
□ どっちもどっち：both are to blame　双方都不好　bên nào cũng như bên nào, kẻ tám lạng người nửa cân
□ 勝手に：without asking　随便。独断。　tùy tiện
□ いいかげんにしなさい：Cut it out　你们都别争了　hãy vừa vừa phải phải thôi
□ ちらかす：mess up　东西乱放　bày bừa

♥ キャラの気持ち

❶ アダム
なんで勝手に人のものをすててしまうんだよ。信じられないよ！

❷ エリック
みんなが使うリビングをちらかすから悪いんだ。すてられても自分のせいだろ！

💬 Discussion 1

1. どちらに共感しますか。共感する人にチェックを入れてください。

　　□エリック　　　　　□アダム
　　□どちらにも共感できる　　□どちらにも共感できない

2. なぜそう思うか、話し合ってみましょう。

💬 Discussion 2

あなたがエリックあるいはアダムの立場だったら、この後どうしますか。

❓54 │ 月が出てる！

気持ちが伝わる言い方を考えましょう。

1 🎧 54_1

- エレナ、グェン知らない？
- 部屋でしょう？
- でも、電気が消えてるし、かぎもかかってるし
- さっき部屋に入って行ったけど

2 🎧 54_2

- わあ、久しぶりに月が出てる！
- きれいだね
- ねぇきれいな月が出てるよ。グェンも見ない？
- うるさいなぁ

□ 感激：excited　感动。激动。　cảm kích
□ 投書が載る：letter (to a newspaper, etc.) will be published　投稿刊登出来　bài của độc giả được đăng
□ しみ：stain　污渍。斑点。　vết ố

♥ キャラの気持ち

1 ミシェル ○○○ グェン、どこに行っちゃったの。

2 ミシェル ○○○ きれいな月。グェンにも見せてあげたい。

⭐ Brush up 1

音声を聞いてください。気持ちを考えて言ってみましょう。

①わぁ、虹が出てる。（感激）

②えーっ、店閉まってる。（がっかり）

③あれっ、血が出てる。（ショック）

④やったー、私の投書が載ってる。（うれしい）

⭐ Brush up 2

音声を聞いて、言い方を練習しましょう。

①（ファミレスで）友だちＡ：このコップ、汚れてる。
　　　　　　　　　友だちＢ：かえてもらおう。

②（スマホを見せて）友だちＡ：見て。富士山がきれいに写ってる。
　　　　　　　　　　友だちＢ：ほんとだ。きれいだね。

③（友だちＢのＴシャツを見て）友だちＡ：あれっ、Ｔシャツにしみがついてるよ。
　　　　　　　　　　　　　　　友だちＢ：あ、ほんとだ。どこでつけたんだろう。

☺ ♥ 55 ｜ 部屋に入ったまま出て来ない

キャラクターを理解しましょう。
あなたならどうするか考えましょう。

☐ 感動する：be moved　感动　cảm động
☐ 態度：attitude　态度　thái độ
☐ 話に合わせる：go along with the conversation　（说话）迎合对方　hòa với câu chuyện

キャラの気持ち

❶
ミシェル
グェン、どうしちゃったのかな。心配。

❷
アダム
猫が立つって、すごくない？エレナは、何を見たら感動するんだよ。

 Discussion 1

マンガ①の4コマ目で、アダムはグェンのことを「暗い」と言っています。
この後ミシェルは、グェンについてどういうことを言うと思いますか。

 Discussion 2

あなたは前田ハウスに住んでいます。アダムに興味のない話をされたら、どうしますか。
マンガ②のエレナのように、興味のない態度を取りますか。アダムの話に合わせますか。

♥☺56 | もう終わった？

あなたならどうするか考えましょう。
キャラクターを理解しましょう。

1 🎧 56_1

2 🎧 56_2

えっ

エレナ、出張の準備もう終わった？

そうだね

折りたたみのかさ、入れた？天気悪そうよ

‥‥‥

アダム、今日はトイレそうじの当番だよね。もう終わった？

まだだけど

じゃあ早くやれよ！ぼくにはぼくのペースがあるんだよ。うるさいなぁ

☐ 折りたたみのかさ：folding umbrella　折叠伞　ô dạng gập
☐ 避ける：avoid　避开。躲避。　tránh

♥ キャラの気持ち 56_3

❶
ミシェル

心配だから聞いたのに、返事はそれだけ？
どうして？親切で言ってるのに…。

❷
エリック

まったく、アダムのやつ！何回言えばいいんだよ！
当番なんだから、さっさとやれよ！

💬 Discussion 1

1. だれの気持ちに共感しますか。共感する人にチェックを入れてください。

マンガ① □ミシェル □エレナ
マンガ② □エリック □アダム

2. なぜ共感するか、話し合ってみましょう。

💬 Discussion 2

1. エレナはどうしてミシェルを見ないで返事をしたと思いますか。
2. あなたはそれをどう思いますか。
3. 衝突を避けるために、エレナは何と言えばいいでしょうか。

ミシェル：エレナ、出張の準備、もう終わった？
エレナ　：＿＿＿＿＿＿＿＿＿＿＿＿＿＿＿＿＿＿＿＿

57 | マニュアルに書いてあるだろう？

あなたならどうするか考えましょう。

57_1

ねえ、エリック、このソフトの使い方、もう一度教えてくれない？

え？マニュアルに書いてあるだろう。自分で見ろよ

え？教えてくれないの？

自分でやらないと覚えられないだろ！

57_2

あれ？私の洗濯物がない

あ、あそこにたたんであるよ。ミシェルが置いてた

また、勝手に…

ミシェル、私の洗濯物にはさわらないで。自分でやるから…

親切にしたのにそんな言い方ひどい！

人のことはもうほっといて！そういうのをおせっかいって言うのよ

□ たたむ：fold 叠。折叠 gập lại
□ さわる：touch 摸。触摸 sờ, chạm
□ ほうっておく(ほっとく)：leave alone 不管。置之不理。 bỏ qua, làm ngơ
□ いじわる：meanie 刁难人。坏心眼儿。 chế giễu
□ おせっかい：busybody 多管闲事。好事。 người tọc mạch

134

キャラの気持ち

❶
ミシェル

エリックのいじわる。教えてくれたっていいじゃない。

❷
ミシェル

せっかくたたんであげたのに、おせっかいなんてひどい。

 Discussion 1

1. どちらに共感しますか。共感する人にチェックを入れてください。

　　　□エリック　　　□ミシェル

2. なぜそう思うか話し合ってみましょう。

3. あなたがエリックあるいはミシェルの立場だったら、この後どうしますか。

 Discussion 2

あなたはどう思いますか。

1. 友だちがあなたの洗濯物をたたんでいました。
   あなたはうれしいですか。いやですか。それはなぜですか。

2. 友だちの親切な行動をいやだと思うのはどれですか。それはなぜですか。

   a. あなたの部屋を片付ける　　　b. あなたが使った食器を洗う
   c. あなたの洗濯物をたたむ　　　d. 全部いやだと思わない
   e. 全部いやだ　　　　　　　　　f. その他(　　　　　　　　　　　)

3. ②で、エレナの言い方は、ミシェルを傷つけてしまいました。
   もっと配慮のある言い方を考え、エレナにアドバイスしてください。

キャラクターを理解しましょう。

1 58_1

あ、このドラマに出てる人、ちょっとミシェルみたい

どうして?

若いけどお母さんみたいで、ちょっとおせっかいなんだ

え?

2 58_2

この荷物、グェンの?

ちがうよ、アダムがまたどこかに行くんだって

はぁ、ぼくもアダムみたいになりたいよ

やめてくれよ。アダムみたいなやつは一人で十分だよ!

□ 荷物：bag　行李。物品。　hành lý
□ 十分（じゅうぶん）：enough　足够。充分。　đủ
□ よけいなこと：things uncalled for　闲事。多余的事情。　việc thừa

キャラの気持ち

ミシェル

アダムにまでおせっかいだと言われた。ショック！

グェン

アダムは自由でいいな。うらやましいよ。

Discussion 1

あなたはミシェルをどう思いますか。

エレナ：よけいなことをし過ぎる人
グェン：いつも助けてくれるやさしい人
アダム：困ったときに手伝ってくれる人
あなた：＿＿＿＿＿＿＿＿＿＿＿＿＿＿＿＿＿＿＿

Discussion 2

１．アダムについて、グェンとエリックはそれぞれどう思っているでしょうか。

　　グェン
　　エリック

２．あなたは、どう思いますか。

交流分析とキャラクター会話

　この本は、交流分析というパーソナリティ理論をもとに開発しました。交流分析とは、アメリカの心理学者エリック・バーン博士が始めた理論体系で、コミュニケーションや人間関係の改善と自己成長を目的としています。この理論では、人は誰でも5つの自我状態（CP、NP、A、FC、AC）全てを心の中に持っていると考えます。そして、それらの自我状態が、場面や状況により出たり入ったりして反応すると考えます。たとえば、仕事のときは冷静で客観的な反応（A）をするけれど、友だち同士では楽しい冗談を言い合い（FC）、子供と話すときは優しくなる（NP）など、相手や場面によっていろいろな反応をするのです。

　この本では、これらの5つの状態にキャラクターを設定し、彼らの日常会話から、日本語の感情や微妙な言葉の使い方などが学べるようにしました。マンガを見ながら、それぞれの気持ちになって話す練習をしてください。いつの間にか感情が入ったやりとりや、効果的な言い方ができるようになるはずです。

Transactional analysis and character conversations

The content of this book was developed based on the transactional analysis theory of personality. First put forward by American psychologist Eric Berne, transactional analysis is a body of theory aimed at improving human communication and interpersonal relations, and advancing personal growth. This theory posits that every human possesses five ego states (abbreviated as CP, NP, A, FC, and AC; see the chart on the right-side page). It also holds that each person continually enters and exits these states in reaction to the setting and situation at hand. Accordingly, everyone exhibits various reactions depending on whom they're with and where they are. For example, a person may react calmly and objectively (A) when at work, but have fun joking with friends (FC) or become gentle when speaking with a child (NP). In this book, each of the five ego states has been assigned to a particular character. By studying their day-to-day conversations, you can learn about various aspects of communication in Japanese, such as the expression of emotions and the intricacies of how certain words are used. When you read the comic strips and practice saying the dialogues, always try to step into the emotional shoes of each character. Before you know it, you'll become able to express yourself with feeling and to effectively convey what you want to say.

沟通分析与出场人物的会话

　　本书是以沟通分析这一人格理论为依据而编写的。所谓沟通分析，是由美国心理学家埃瑞克·伯恩创立的理论体系，以改善与他人沟通、人际关系以及个人成长为目的。根据该理论，任何人心中都存在五种自我状态（CP,NP,A,FC,AC:参看右页），这五种自我状态根据场合和情况出现并做出不同的反应。例如，工作时反应冷静而客观（A），但是和朋友在一起时会开快乐的玩笑（FC），而与孩子说话时又变得非常和蔼（NP）等等，根据对象和场合出现各种不同的反应。

　　本书按照这五种状态分别设定了出场人物，从他们的日常会话中，可以学到用日语表达感情以及言词的一些微妙的用法。看着漫画，同时把自己当作剧中人物进行练习，持之以恒，你也会有感情地与他人沟通并能掌握有效的语言表达方式。

Phân tích mối quan hệ con người và hội thoại giữa các nhân vật

Cuốn sách này được phát triển dựa trên lý thuyết về tính cách con người, gọi là phân tích mối quan hệ con người. Phân tích mối quan hệ con người là hệ thống lý thuyết được khởi đầu bởi một Tiến sĩ - học giả về tâm lý người Mỹ có tên Eric Berne, với mục đích là cải thiện các mối quan hệ giữa người với người và phát triển bản thân. Lý thuyết này cho rằng con người ai cũng có 5 trạng thái bản ngã sâu thẳm bên trong (CP, NP, A, FC, AC: tham khảo trang bên trái). Đồng thời cũng cho rằng các trạng thái bản ngã đó sẽ tùy thuộc vào hoàn cảnh, tình huống mà phản ứng theo cách hiển hiện ra hoặc ẩn đi. Ví dụ, khi làm việc thì con người ta sẽ phản ứng kiểu (A) một cách điềm tĩnh và khách quan, khi nói đùa vui vẻ với bạn bè thì phản ứng kiểu (FC), khi nói chuyện với trẻ nhỏ thì trở nên hiền từ v.v.. như vậy ta thấy con người phản ứng theo nhiều cách khác nhau tùy vào đối phương là ai và tình huống như thế nào.

Cuốn sách này xây dựng các nhân vật theo từng trạng thái, giúp cho người học có thể học được cách sử dụng từ ngữ biểu thị cảm xúc và cách biểu đạt tế nhị trong tiếng Nhật. Các bạn hãy vừa xem truyện tranh vừa tưởng tượng mình là nhân vật trong đó để luyện nói nhé. Chắc chắn một ngày không xa các bạn sẽ có thể giao tiếp được một cách tự nhiên và hiệu quả, thể hiện tốt được trạng thái cảm xúc của mình.

5つの自我状態モデル
Model of the Five Ego States

CP 批判的親
Critical Parent

NP 養育的親
Nurturing Parent

A 成人
Adult

FC 自由な子ども
Free Child

AC 適応した子ども
Adapted Child

いい点

責任感が強い
リーダーシップがある

Highly developed sense of responsibility, Controlling
责任心强, 有领导能力
tinh thần trách nhiệm cao, có khả năng lãnh đạo

思いやりがある、
やさしい、あたたかい

Caring, Kind, Affectionate
能体谅别人, 和善、热情
biết thông cảm, hiền, nồng ấm

情報分析ができる、計画的、
客観的な判断ができる

Capable of logical analysis, Capable of making systematic and objective decisions
能够进行信息分析, 可做出系统、客观的判断。
có thể phân tích thông tin, có thể đưa ra đánh giá mang tính kế hoạch, khách quan

明るい、創造性豊か、
元気、行動力がある

Optimistic, Highly creative, Cheerful, Energetic
开朗、有丰富的创造力, 精力充沛、有行动力
vui vẻ, có khả năng sáng tạo, khỏe mạnh, năng động

協調的、従順、
人間関係を大切にする

Accommodating, Compliant, Esteem interpersonal relations
善于配合、温顺、注重人际关系
có tinh thần hợp tác, coi trọng trật tự và các mối quan hệ

悪い点

支配的、批判的
独善的、封建的

Domineering, Critical, Self-righteous, Feudalistic
专横、挑剔、自以为是、封建
mang tính chi phối, phê phán, bảo thủ, phong kiến

過保護、過干渉

Over-protective, Over-possessive
过度宠溺孩子、过度干涉
bao bọc quá mức, can thiệp quá mức

冷たい、機械的、打算的、
おもしろみがない

Unfeeling, Perfunctory, Calculating, Shrewd bland
冷淡、呆板、精明、枯燥无味
lạnh lùng, máy móc, tính toán, không thú vị

自己中心的、軽率
気まぐれ

Self-centered, Indiscreet, Capricious
以自我为中心、轻率、反复无常
mang tính cá nhân; hời hợt, cẩu thả; đồng bóng

依存心が強い、
人や周りを気にし過ぎる

Needy (dependent), Overly concerned about others/one's surroundings
依赖心强、过于在乎别人的看法
hay bị phụ thuộc xung quanh, quá để ý đến xung quanh và người khác

〈第２章〉まとめ

衝突

第２章は、５人のキャラクターそれぞれが苦しい思いを抱えることになりました。まず、グェンがハウスのメンバーに自分の感情を伝えられず、苦しみます。アダムとエリックはずっと仲が悪かったところに、エリックがパンフレットをすてたせいで、さらに関係が悪くなってしまったようです。また、ミシェルはみんなからおせっかいだと思われていることにショックを受けるし、エレナはアダムに「つまんないやつだな」と言われてしまいます。
５人全員が、本音がぶつかり合って傷つき苦しみ、悪口を言い合う居心地の悪い状況になってしまいました。

---

2. Conflicts

In Chapter 2, the five housemates each contend with their own struggles. For starters, Nguyen agonizes over his inability to adequately express his feelings to the others. Adam and Eric, who've long had trouble getting along, are split further apart after Eric tosses out Adam's brochure without asking. Meanwhile, Michelle is shocked to learn that her housemates see her as a busybody, and Elena gets called a "drag" by Adam.
With all five hurting one another's feelings with their brutal honesty, Maeda House turns into an inhospitable warzone with a constant crossfire of backbiting.

---

2. 冲突

　　第2章描绘了五个人各自不同的苦衷。首先是小阮, 他因无法把自己的想法告诉其他四人而感到痛苦。阿达姆和艾利克本来关系就一直不好, 再加上艾利克把阿达姆的宣传册扔了, 二人的关系似乎变得更为恶劣。米歇尔呢, 知道大家都觉得她爱管闲事而受到打击。艾莱娜则被阿达姆说成是"乏味无趣的家伙"。

　　五个人都不掩饰自己的真实想法, 因而彼此受到伤害、感到痛苦, 同时互相说坏话也使他们在公寓里感到很不舒服。

---

2. Xung đột

Chương 2 thể hiện diễn biến tâm trạng của 5 nhân vật, mỗi người có 1 uẩn ức khác nhau. Nguyễn thì cảm thấy khổ sở vì không thể truyền đạt được cảm xúc của mình tới các thành viên trong ngôi nhà. Eric thì vứt tài liệu giới thiệu đi trong khi mối quan hệ giữa Adam với Eric đang xấu sẵn, làm mối quan hệ ấy càng xấu thêm. Còn Michel thì cảm thấy sốc khi bị mọi người cho rằng anh can thiệp quá sâu vào chuyện của mọi người, Elena thì bị Adam nói rằng "thật là một kẻ tẻ ngắt". Cả 5 người thật lòng đều có những bức xúc về nhau và cảm thấy khổ sở, dẫn đến một tình trạng rất khó chịu là họ thường nói xấu lẫn nhau.

第3章

理解

前の章では、5人のキャラクターそれぞれが、衝突し、傷つけ合ったりしてしまいましたが、この後、どうなるのでしょうか。理解し合うことができるのか、それとも、ハウスを出て行ってしまうのでしょうか。

交流分析では「他人と歴史は変えられない」と言います。人間関係に悩んだときは、自分自身を見直して、自分を変えることができれば、いい関係になれるかもしれません。さて、5人のキャラクターが変わることができるかどうか、最後の章が始まります。

?59 │ しかられたんじゃない？

気持ちが伝わる言い方を考えましょう。
言い方で変わるメッセージをつかみましょう。

□ 口をきく：speak　说话　nói
□ 部屋にこもる：stay in one's room　宅在家里。闭门不出。　nhốt mình trong phòng
□ ほっとく（ほうっておく）：leave alone　置之不理　mặc kệ

キャラの気持ち

❶
エリック

けんか？ちがうよ！
ぼくは、アダムなんか相手にしてないよ。

❷
エリック

 ミシェルが部屋から出て来ない？ほっとけばそのうち出てくるよ。

Brush up 1

1. 音声を聞いてください。＿＿＿＿は a.「ちがう」b.「相手の同意を求める」のどちらですか。
2. 気持ちを考えて言ってみましょう。

①アダム　　：昨日一緒に歩いてた人、恋人？
　エリック：恋人じゃない。ただの友だち。（　　　　　）

②正子：あそこにいる人、みどりさんじゃない？（　　　　　）
　建造：うーん、どうかな。遠くてよくわからないよ。

Brush up 2

音声を聞いてください。＿＿＿＿の意図を考えて、セリフを言ってください。

例）ミシェル：アダム、魚は食べないんじゃない？
　　グェン　　：どうかな。聞いてみよう。

① （電気が消えている店の前で）
　　ミシェル：今日はこの店、休みじゃない？
　　グェン　　：_____

② （前田ハウスを出た後で）
　　アダム　　：あ、このかさ、ぼくのじゃない。
　　エリック：_____

😊60 | 泣いたらちょっとすっきりした

キャラクターを理解しましょう。

☐ すっきりする：feel better　舒畅。舒爽。　nhẹ nhõm trong người
☐ 思いっきり：as much as one wants　尽情。痛快。　mạnh dạn
☐ なぐさめる：comfort　安慰　an ủi
☐ 傷つく：be hurt　受到伤害。受伤。　tổn thương, bị thương
☐ （ストーリーを）見返す：go back over　重看。回顾。　nhìn lại (câu chuyện)

キャラの気持ち 🎧 60_3

❶
グェン

ミシェルが「みんなにきらわれてる」って言って泣いてるけど、どうしたんだろう。

❷
ミシェル

思いっきり泣いたらちょっと楽になった。
グェン、なぐさめてくれてありがとう。

💬 Discussion 1

1. ミシェルは、だれの、どんなことばや態度に傷ついたのでしょうか。
   これまでのストーリーを見返して、見つけてください。

2. エリック、エレナ、アダムは、ミシェルが泣いた理由がわかったでしょうか。

3. マンガ②で、グェンはミシェルにどんなことばをかけたと思いますか。

💬 Discussion 2

1. あなたはこの5人の中のどのキャラに自分自身が近いと思いますか。それはどうしてですか。

   例）a．ミシェル：私もちょっとおせっかいなところがあるから

   a． ミシェル： _____
   b． エリック： _____
   c． エレナ　： _____
   d． アダム　： _____
   e． グェン　： _____

2. あなたなら、この後どうしますか。

   私がミシェルなら_____

気持ちが伝わる言い方を考えましょう。

1

2

□ めずらしい:unusual　少见。稀罕。　hiếm
□ 同情:sympathizing　同情　đồng tình
□ 気遣い:being considerate　关怀。体谅。　sự quan tâm
□ 親戚:relative　亲戚　họ hàng
□ 結構:very　相当。很。　được
□ 書き直す:rewrite　改写。重写。　viết lại

♥ キャラの気持ち 🎧61_3

❶
正子

みんなでケーキを買いに行くなんて、めずらしいわね。
でも夕食どきに行かなくてもいいじゃない？

❷
ミシェル

みんな、私のことを心配してくれた。
ケーキまで買ってきてくれてうれしい。

⬛ Brush up 1 🎧61_4

音声を聞いて、(　)の気持ちが伝わるように言ってみましょう。

①エリック→失敗した部下に：だから言ったのに。(怒り)
②ミシェル→試験に落ちたクラスメートに：あんなにがんばったのにねぇ。(同情)
③正子→スーツケースを貸してあげた隣の人に：お礼なんていいのに。(気遣い)

⬛ Brush up 2 🎧61_5

気持ちを考えて練習しましょう。

①(母屋で)
みどり：これ、北海道の親戚が送ってくれたじゃがいもなんだけど、どうぞ。
正子　：わーありがとう。でも、少しでいいのに。こんなにたくさん、悪いわ。
みどり：いいの、いいの。みんなで食べてね。

②(リビングで)
グェン　：あ〜あ、結構よく書けたと思ったのになぁ。
ミシェル：え、昨日書いてた報告書、書き直しになっちゃったの？がんばってたのにねぇ。

③(リビングで)
アダム　：せっかくの休みなのに、どこにも行かないの？
エリック：アダムとちがって、忙しいんだよ。
アダム　：あ、そう。

☺❤62 薬飲めば治るんじゃない？

キャラクターを理解しましょう。
あなたならどうするか考えましょう。

キャラの気持ち

1
アダム

ミシェルが心配してくれなかった。いつものミシェルじゃないな。
どうしたんだろう。

2
グェン

あの課長、きびしいなぁ。
わかりにくいって言われても、どうしたらいいかわからないよ。

Discussion 1

1. ミシェルは「頭痛ーい」と言っているアダムに、どうして何もしてあげなかったと思いますか。

2. 以前のミシェルなら、マンガ①のアダムにどう答えたでしょうか。

アダム　：あー、夕べ飲み過ぎたかな。頭痛ーい。

ミシェル：＿＿＿＿＿＿＿＿＿＿＿＿＿＿＿＿＿＿＿＿＿

Discussion 2

アダムとグェンにあなたならどう答えますか。

①アダム：いつものミシェルじゃないな。どうしたんだろう。

あなた：＿＿＿＿＿＿＿＿＿＿＿＿＿＿＿＿＿＿

②グェン：わかりにくいって言われても、どうしたらいいかわからないよ。

あなた：＿＿＿＿＿＿＿＿＿＿＿＿＿＿＿＿＿＿

😊🖤63 | 考えれば考えるほど複雑になっちゃうんだ

キャラクターを理解しましょう。
あなたならどうするか考えましょう。

☐（気持ちが）燃える：be fired up　情緒高昂　hào hứng (tâm trạng)
☐ 複雑：complex　复杂　phức tạp
☐ 上司：boss　上司。领导。　sếp, cấp trên
☐ 解決する：solve　解决　giải quyết

キャラの気持ち

❶
ミシェル

「檸檬」みたいな難しい漢字がたくさん書けるようになりたいな。

❷
グェン

課長に聞く⁉そんなの無理だよ…。

 Discussion 1

キャラの気持ち **❷** で、グェンは「そんなの無理だよ」と言っています。
どうして課長に聞くことが無理だと思っているのでしょうか。

Discussion 2

１．あなたが、勉強や仕事でどうしたらいいかわからないとき、どうしますか。

    a. 教師や上司にはあまり相談せずに一人で解決する
    b. 教師や上司に相談して解決する
    c. 友だちや先輩に相談して解決する
    d. その他(どうしますか？)

２．グェンはどうしたらいいと思いますか。
    それは、1.であなたが選んだ方法と同じでしょうか。

Discussion 3

エリックのアドバイス通り、課長に聞くとしたら、どう伝えればいいか考えてみましょう。

・話しかけ
・内容
・終わり方
言い方にも気をつけてください。

☺ ♥ 64 | 近づかないようにしてるんだ

キャラクターを理解しましょう。
あなたならどうするか考えましょう。

① 64_1

ねえ、エリックは上司とよく話す？

もちろん。そのほうが仕事が進むからね

ぼくは…なるべく近づかないようにしてるんだけど…

それじゃだめだよ。上司とはマメにコミュニケーションとるようにしなきゃ！

② 64_2

アダム！お皿！

あ！忘れてた！

最近のミシェル、なんだか変わったね

おせっかいしないようにしてるんでしょ

☐ マメに〜する：do 〜 frequently　频繁地。经常。　làm 〜 một cách miệt mài, chăm chỉ
☐ 苦手な人：people who are hard to get along with　不喜欢的人　người không ưa
☐ 職場：workplace　工作单位。职场。　nơi làm việc

キャラの気持ち 64_3

❶
グェン

ぼくは、苦手な人とはあんまり話したくないんだけどな。

❷
エレナ

ミシェルは自分を変えたいと思ってがんばっているみたい。
アダムにはそれがわからないのかな。

💬 Discussion 1

キャラの気持ち❶で、グェンは「苦手な人とはあまり話したくない」と言っています。

1. グェンが苦手な人は、どんな人ですか。

2. クラスや職場で、あなたが苦手だと感じる人は、どんな人ですか。

3. そういう人がいたらどうしますか。

    a. できるだけ話さない
    b. 苦手な人とでも話す(理由:)
    c. その他(   )

💬 Discussion 2

あなたは変わる前と変わった後のミシェルのどちらが好きですか。それはなぜですか。

☺♥65 そういうわけじゃないんだけど

キャラクターを理解しましょう。
あなたならどうするか考えましょう。

□ 合コン：joint party　联谊会　tiệc gặp gỡ giao lưu nam nữ
□ 都合が悪い：be not available　不方便，(时间)不合适。　điều kiện không cho phép, bận
□ 国際交流：international exchange　国际交流　giao lưu quốc tế
□ 機会：opportunity　机会　cơ hội
□ 大勢：many people　众多人　nhiều người, đông
□ 本音：real feelings　真心话　thật lòng

キャラの気持ち

❶ グェン

知らない人と話すのは苦手だから行きたくなかったけど、ことわれなかった。

❷ グェン

やったほうがいいのはわかるけど、大勢の前で話すのは、ぼくにはたぶん無理だと思う。

🗨 Discussion 1

マンガ① ②で、グェンが「そういうわけじゃないんだけど…」と言っています。

1. グェンはどうして本当の理由が言えないのでしょうか。

2. あなたはこんなグェンをどう思いますか。彼の気持ちに共感できますか。

      a. やさしい   b. 気が弱い   c. その他(   )

🗨 Discussion 2

グェンが本音を言えるように、この後の会話を考えてみましょう。

①   あなた：都合悪い？
      グェン：いや、そういうわけじゃないんだけど…
      あなた：_____

②   あなた：興味ないの？いい機会なのに。
      グェン：いや、そういうわけじゃないんだけど…
      あなた：_____

😊❓66 ┃ 行かないわけにはいかないよ

キャラクターを理解しましょう。
気持ちが伝わる言い方を考えましょう。

□ よけいなこと：something uncalled for　多余的话（事）　chuyện thừa
□ 人間関係：interpersonal relationships　人际关系　quan hệ con người
□ 思いやり：compassion　体谅。关心。　sự thông cảm

キャラの気持ち

❶
ミシェル

熱があるのに会社に行くなんて心配だけど…。でもよけいなことは言わないほうがいいよね。

❷
エレナ

行きたくないのになんで行くんだろう。理解できないな。

📣 Discussion 1

マンガ①②から、エリックとグェンにとって一番大切なことは何だと思いますか。

エリック（　　　　）　　　グェン（　　　　）

a. 責任感　　　b. 人間関係　　　c. 思いやり

📣 Discussion 2

次のせりふはだれが言ったと思いますか。どうしてそう思いますか。

a. 責任があるから、最後まであきらめるわけにはいかないよ。
b. 友だちが大変なら、手伝ってあげないわけにはいかないよ。
c. ぼく（私）がいないとつまらないでしょう？ 参加しないわけにはいかないよ。
d. やりたくないなぁ。でも正子さんに頼まれたら、ことわるわけにはいかないよ。

＜アダム・ミシェル・グェン・エリック＞

🎖 Brush up 1

Discussion 2のa.〜d.を気持ちが伝わるように言ってみましょう

アダム

グェン

エリック

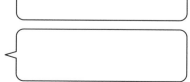
ミシェル

♥67 ｜ 顔を合わせるたびに…

あなたならどうするか考えましょう。

□ おまけ：freebie　贈品　sự tặng kèm, khuyến mại
□ ただの〜：just 〜　只是。不过是。　chỉ là 〜
□ 応援する：support　声援。支持。　ủng hộ, cổ vũ

❤ キャラの気持ち

❶ エレナ

あの人は、私（わたし）の顔（かお）を見るといつも「がんばって」って言うけど、どうして？
私（わたし）ががんばってないように見えるの？

❷ グェン

あの肉屋（にくや）さんもミシェルもいい人だな。なんかうれしい。

📋 Discussion 1

1．マンガ①について、どちらの気持（きも）ちに共感（きょうかん）しますか。共感（きょうかん）する人にチェックを入れてください。

　　□エレナ　　　□ミシェル

2．なぜ共感（きょうかん）するか、話（はな）し合（あ）ってみましょう。

📋 Discussion 2

マンガ①の「がんばってね」といつもエレナに言う人は、どんな気持（きも）ちで言っていると思（おも）いますか。

a. ただのあいさつ。
b. がんばっているから、応援（おうえん）したい。
c. もっとがんばってほしい。
d. その他（た）（　　　　）

67
顔を合わせるたびに…

❓68 │ 自転車が出しっぱなしですよ

相手のメッセージを理解しましょう。

□ 玄関：entrance　正门。门口。　tiền sảnh
□ （洗濯物を）取り込む：bring in (the laundry)　（晒的衣物）收进来　thu, lấy vào (đồ giặt)
□ 日が暮れる：sun sets　天黑。日暮。　mặt trời tàn, hoàng hôn
□ 素直：obedient　直率, 听话。　sự thật thà

キャラの気持ち

❶
正子

自転車は自転車置き場に戻すようにって、いつも言ってるでしょ！
玄関の前にあったらじゃまだし、あぶないんだから。まったくもう！

❷
正子

ミシェルさんの洗濯物だったのね。
言われたらすぐに動いて、素直でいい子ね。

Brush up 1

正子さんが前田ハウスの人たちに注意しています。正子さんが伝えたいメッセージは何ですか。

例）洗濯物が出しっぱなしですよ。→（早く取り込みなさい）

①買ってきた牛乳、テーブルに置きっぱなしですよ。→（　　　　　　　　　　　）
②コート、リビングに脱ぎっぱなしですよ。→（　　　　　　　　　　　）
③ジャムのふたが開けっぱなしですよ。→（　　　　　　　　　　　）
④リビングのテレビがつけっぱなしですよ。→（　　　　　　　　　　　）

Brush up 2

あなたならどう答えますか。どう答えたら相手と衝突しないでしょうか。

①正子　：玄関にかばんが置きっぱなしですよ。

あなた：＿＿＿＿＿＿＿＿＿＿＿＿＿＿＿＿＿＿＿＿＿＿

②エリック：洗濯機に洗濯物が入れっぱなしだよ。

あなた　：＿＿＿＿＿＿＿＿＿＿＿＿＿＿＿＿＿＿＿＿

③会社の同僚：書類が出しっぱなしだったよ。

あなた　　：＿＿＿＿＿＿＿＿＿＿＿＿＿＿＿＿＿＿

❓69 ┃ よかったじゃない

気持ちが伝わる言い方を考えましょう。

1

69_1

エリック、今日、ぼくのシステムデザイン、OKが出た！

へえ、よかったじゃない

エリックが上司と話せって言ってくれたから…

ありがとう

まあね

2

69_2

あれ、町内会の旅行、もうしめ切りか

だから、早く申し込んでって言ったじゃない

え？きみ、本当に行くつもりだったの？

あたりまえでしょ。だから頼んだのに

□ さすが：as expected　不愧是　quả đúng là
□ 肯定的：positive　肯定的。积极的。　mang tính khẳng định
□ 否定的：negative　否定的。消极的。　mang tính phủ định
□ 照れる：blush　害羞。不好意思。　nhát, xấu hổ

キャラの気持ち

❶ エリック

> ぼくのアドバイスのおかげで、グェンの仕事がうまくいったみたい。
> さすが、"おれ"。

❷ 正子

> 旅行、行きたかったのに！
> 私の話、ちゃんと聞いてなかったってこと？

■★ Brush up 1

音声を聞いて、a.😃（肯定的）　b.😣（否定的）の気持ちで言ってみましょう。

a.　①正子　：この服、どう？
　　　みどり：いい**じゃない**。

　　②（正子が予約した旅館の部屋に入って）
　　　みどり：すてきな部屋**じゃない**。
　　　正子　：でしょう。

b.　③正子：玄関のかぎ開けっぱなしだったわよ。だめ**じゃない**。気をつけなきゃ。
　　　建造：ごめんごめん。

　　④みどり　　　：あれっ、まだ寝てるの？今日から早く起きるって言った**じゃない**。
　　　みどりの夫：明日からにする。

■★ Brush up 2

音声を聞いて、気持ちを考えて練習しましょう。

①エリック：（グェンの腕時計を見て）お、かっこいい**じゃない**、その時計。
　グェン　：わかる？（ちょっと照れて）

②正子：明日もつりに行くの？昨日行ったばかり**じゃない**。
　建造：いい**じゃない**か、毎日行ったって。

69
よかったじゃない

❓70 これくらい簡単ですよ

気持ちが伝わる言い方を考えましょう。

1 70_1

あら、アダムさん、りんごむくの上手ね

これくらい簡単ですよ

すごーい

2 70_2

うちの主人、家事はなーんにもやらないのよ

自分のお皿くらい洗ってほしいんだけど

そうよね

おたくは？

うち？うちは何でも自分でやるわよ

□ 皮をむく：peel　削皮。剥皮。　bóc vỏ
□ 家事：housework　家务活　việc nhà
□ 自慢：bragging　骄傲。自豪。　sự tự mãn, sự khoe
□ 文句：complaint　牢骚。意见。　từ, lời than phiền

164

キャラの気持ち

1 アダム

皮むきなんて簡単だよ。最後まで切れないようにむいちゃうよ。

2 みどり

正子さんがうらやましい。せめて皿洗いだけでもやってよ。

⬛⭐⭐ Brush up 1 🎧 70_4

音声を聞いて、a.😬（自慢）b.😆（文句）の気持ちで、「くらい」を言ってみましょう。

a.😬 ①アダム　　：鶴、折れる？

　　　エリック：鶴くらい折れるよ。

②ミシェル：この本箱、自分で作ったの？時間かかったでしょう？

　　アダム　　：これくらいは簡単だから、すぐできたよ。

b.😆 ③みどりの夫：ねぇ、コーヒー飲みたいな。

　　　みどり　　　：コーヒーくらい自分で入れなさいよ。

④アダム：コンビニに行ってくるから自転車使うよ。

　　エレナ：コンビニくらい近いんだから歩いて行けば？

⬛⭐☆ Brush up 2 🎧 70_5

音声を聞いて、気持ちを考えて練習しましょう。

①正子　　　：エリックさん、今日も10キロ走ってきたんですか。つかれたでしょう？

　エリック：10キロくらい、何でもありませんよ。

②正子　　：こんな脱ぎ方して！靴くらいちゃんとそろえなさい。

　アダム：ごめんなさい。忘れ物取りに来ただけなんです。

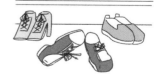

これくらい簡単ですよ

キャラクターを理解しましょう。

□ プライドが高い：be very proud　自尊心强　có lòng tự kiêu, tự kiêu hãnh
□ 歩み寄れる：meet halfway　能互相让步。能妥协。　đi lại gần
□ 仲直りする：make up　和好　cải thiện mối quan hệ, làm lành
□ 考え込む：think (about)　沉思。深思。　suy tư

キャラの気持ち 71_3

1
アダム

正子さんに仲直りするように言われたけど、どうしよう。

2
エリック

アダムに話しかけられるとは思わなかった。

Discussion 1

マンガ①の４コマ目で、アダムは「うーん…」と考え込んでしまいました。どんなことを考えていると思いますか。自由に考えてみましょう。クラスメートの考えもメモしておきましょう。

例）何て言ったらいいのかなぁ

・
・
・

Discussion 2

マンガ②の３コマ目で、アダムにやさしい言葉をかけられたエリックの心の中を考えてみましょう。

例）うれしいけど、よろこんだ顔はできないよ

・
・
・

気持ちが伝わる言い方を考えましょう。
言い方で変わるメッセージをつかみましょう。

□ はりきる：hustle　干劲十足　rất cố gắng
□ やりがい：fulfillment　值得做　ý nghĩa của công việc
□ うんざり：disgust　厌烦。讨厌。　chán
□ 満更でもない：not so bad　内心喜悦。挺不错。　không hoàn toàn
□ まかされる：be entrusted　受托。负责(某一工作)。　được giao phó

♥ キャラの気持ち

❶
エリック

あぁ、つかれた。カラオケは苦手だけど、上司からさそわれたら、ことわれないからね。

❷
グェン

いやぁ、プロジェクトのリーダーがこんなに大変だとは思わなかったよ。でも、やりがいってこういうことなのかな。

★ Brush up 1

音声を聞いて、＿＿を😫（うんざり）😊（満更でもない）の気持ちで言ってみましょう。

①グェン　：😫また同僚の合コンに付き合わされちゃった。
　エリック：だから、ことわればいいのに。

②ミシェル：アダム、遅かったね。
　アダム　：😊建造さんに、ビアガーデンに付き合わされちゃって…。
　ミシェル：へぇー、そう？楽しそうに見えるけど。

★ Brush up 2

1．音声を聞いてください。＿＿は😫😊のどちらですか。
2．相手の気持ちを考えて、返事をしてください。

①アダム　：あぁ、つかれたー。正子さんに荷物持たされちゃって大変だったよ。
　ミシェル：＿＿＿＿＿＿＿＿＿＿＿＿＿＿＿＿＿＿＿＿

②エリック：まいったなぁ、また新しい仕事、まかされちゃったよ。
　グェン　：＿＿＿＿＿＿＿＿＿＿＿＿＿＿＿＿＿＿＿＿

③同僚A：夕べは大変だったよ。課長にワイン飲まされちゃって。
　　　　　けっこういいワインでおいしかったけどねー。
　同僚B：＿＿＿＿＿＿＿＿＿＿＿＿＿＿＿＿＿＿＿＿

😊73 ┃ スピーチすることにした

キャラクターを理解しましょう。

キャラの気持ち

 ミシェル

❶ ボタン、つけてあげたかったけど、アダムならわかってくれるよね、私の気持ち。

 グェン

❷ スピーチをやってみようと思う。エリックには一番に報告しなくちゃ。

📑 Discussion 1

マンガ①と②、それぞれのキャラの気持ちを考えてみましょう。

① アダム
ミシェル

② エリック
グェン

📑 Discussion 2

マンガ①でミシェルが「私、そういうの、やめることにしたから」と言っています。
「そういうの」とはどんなことだと思いますか。あなたはミシェルの変化を感じますか。

📑 Discussion 3

マンガ②でグェンはどうしてスピーチをすることにしたと思いますか。
グェンにどんな心の変化があったか考えてみましょう。

😊74 │ あやまるべきだよ

キャラクターを理解しましょう。

1 🎧74_1

エリックの会社で

それはすぐに先方にあやまるべきだろ！

わかりましたすぐに連絡します

まったくもう！

2 🎧74_2

前田ハウスで

今日みどりさんを怒らせちゃった。あやまったほうがいいかしら

あやまるべきじゃないですか

べき？

あ、あやまったほうが……

3 🎧74_3

あ、エレナ正子に聞いたよ。昇進おめでとう

ありがとうございます。でも、正直言うと、少し迷ってるんです

私、チームをまとめる自信がなくて……

そうか…まとめたいなら、エレナはメンバーの気持ちを大事にすべきだろうな

…私、共感力が足りないって言われたことがありますけど、そういうことでしょうか…

☐ 昇進：promotion　晋升　thăng tiến
☐ （チーム）をまとめる：pull (a team) together　（把团队）带好。引领好。　tập hợp (đội nhóm)
☐ 成長する：grow　成长　trưởng thành

172

キャラの気持ち

❷
エリック

正子さんに「べき」なんて使うべきじゃなかった。

❸
建造（けんぞう）

エレナはいろいろ悩んでいるようだな。でも、今が成長できるチャンスだよ。

💬 Discussion 1

1. マンガ ② と ③、それぞれのキャラの気持ちを考えてみましょう。

　　② 　エリック
　　　　正子

　　③ 　エレナ
　　　　建造（けんぞう）

2. キャラの気持ち ❷ で、エリックは「失敗したな」と思っています。
彼は何を失敗したと思っていますか。

💬 Discussion 2

「〇〇するべき」ということばを＜あまり使わない＞キャラはだれだと思いますか。
どうしてそう思いますか。

□エリック　　　□ミシェル　　　□エレナ
□アダム　　　□グェン　　　□正子　　　□建造（けんぞう）

理由：＿＿＿＿＿＿＿＿＿＿＿＿＿＿＿＿＿＿＿＿＿＿＿＿

💬 Discussion 3

エレナはどうしてチームをまとめる自信がないのでしょうか。

①これまでのエピソードを思い出してください。
②エレナは、どう変わればいいと思いますか。

❓75 │ 英語を教えることになったの

気持ちが伝わる言い方を考えましょう。
言い方で変わるメッセージをつかみましょう。

□ 転勤する：transfer (to another office)　调动工作　chuyển địa điểm làm việc

174

キャラの気持ち

❶
ミシェル

英語教師のアルバイトが決まってうれしい。アダムにも報告できてよかった。

❷
エレナ

悩みがあるように見えてしまったかな。エリックに聞かれて、つい、彼の転勤のことを話してしまったけど…。

Brush up 1

音声を聞いて、＿＿を😄（うれしい・楽しみ）😟（残念・不安）の気持ちで言ってみましょう。

①エリック：😄来週、香港に出張することになったんだ。
　ミシェル：香港？いいなぁ、おみやげ買って来てね。

②グェン：😟来週、一人で出張することになったんだ。
　アダム：だいじょうぶだよ、楽しんで来て。

Brush up 2 75_5

1. 音声を聞いてください。＿＿は😄😟のどちらですか。

2. 相手の気持ちを考えて、返事をしてください。

　①友だち：来週から、駅前にできたカフェでアルバイトすることになったんだ。
　あなた：＿＿＿＿＿＿＿＿＿＿＿＿＿＿＿＿＿＿＿＿＿＿＿

　②クラスメート：来月、帰国することになったんだ。
　あなた：＿＿＿＿＿＿＿＿＿＿＿＿＿＿＿＿＿＿＿＿＿＿＿

　③同僚　：今度、チームリーダーをすることになったよ。
　あなた：＿＿＿＿＿＿＿＿＿＿＿＿＿＿＿＿＿＿＿＿＿＿＿

76 | 大学の講師だったらしいよ

気持ちが伝わる言い方を考えましょう。
言い方で変わるメッセージをつかみましょう。

1 76_1

- ねえ、エリック、知ってる?
- 何を?
- アダム、来日する前は大学で教えていたらしいよ。
- うそっ!

2 76_2

- ねえ、聞いた?
- 駅前の「くらや」さんのうわさ。お店を閉めるらしいのよ
- 何?
- え、和菓子の「くらや」さん!?
- ええ。あそこの大福、おいしくて好きだったのに
- 本当に残念ねえ

☐ 店を閉める(やめる):close a shop (for good)　倒闭　đóng cửa hàng (nghỉ)
☐ 大福:daifuku (rice cake filled with bean jam)　大福。糯米团子。　đại phúc (Daifuku)
☐ 老舗:long-established shop　老字号　cửa hàng lâu năm, doanh nghiệp lâu năm
☐ 内緒:secret　秘密　bí mật
☐ 花粉:pollen　花粉　phấn hoa

キャラの気持ち

❶
グェン

アダムが大学で教えてたこと、本当なのかな。エリックにも言っておこう。でも、まだ大きな声で言えないよね。

❷
みどり

また一つ、この町から老舗が消えるのね。あぁ、残念。

Brush up 1

音声を聞いて、①〜⑤の（　）の気持ちで、うわさや情報を伝えてください。

① （内緒だけど）これ内緒なんだけど、営業部の鈴木さん、宝くじ当たったらしいよ。
② （大変！）twitter 見たけど、大雨で、今電車が止まっているらしいよ。
③ （うれしい！）知ってる？来月、さくら公園でライブがあるらしいよ。
④ （頭にくる！）新人の田中さん、入って３日でもうやめるらしいよ。
⑤ （いやだな…）聞いた？来週、漢字のテストがあるらしいよ。

Brush up 2

音声を聞いて、返事を考えて言ってみましょう。

①同僚　　：これ、うわさなんだけど、山田さん、会社やめるらしいよ。
　エリック：_____

②ミシェル：大変！ 隣の人に聞いたんだけど、駅前のビルが火事らしいよ！
　アダム　：_____

③クラスメート：ねぇ、ねぇ、聞いた？ 来週のテスト、中止らしいよ。
　ミシェル：_____

④エリック：電車賃、また値上がりするらしいですよ。
　正子　　：_____

⑤建造：（天気予報を見ながら）明日も花粉、多いらしいよ。
　正子：_____

気持ちが伝わる言い方を考えましょう。
言い方で変わるメッセージをつかみましょう。

□ 植物学：botany　植物学　thực vật học
□ 研究者：researcher　研究员　nhà nghiên cứu, người nghiên cứu
□ ありえない：impossible　不可能　không thể có
□ 気が重い：feel reluctant　心情沉重　tâm trạng nặng nề

キャラの気持ち

 1 エリック ：アダムとランチに行くのは久しぶりだ。でも、また、ハンバーガー!?

 2 エリック ：アダムは研究者だったのか…。あいつもいろいろあったんだな。

 Brush up 1

キャラになりきって、ひとりごとを言ってみましょう。

①エリック ：遅れたのにあやまらないなんて信じられない。
②ミシェル ：毎日残業なんて心配だな。
③エレナ　 ：宇宙人なんてありえないでしょ。
④アダム　 ：毎日ビールが飲めるなんてしあわせだよね。
⑤グェン　 ：部長の前でプレゼンなんて無理だよ。

 Brush up 2

1. 音声を聞いてください。相手の気持ちに共感したいとき、a. と b. のどちらを選びますか。
2. 会話練習をしてください。

①ミシェル：手作りのパンだなんて…
　　あなた　：a. 最高だね！　　　　b. めんどうだよね

②グェン：初めて会う人と飲み会なんて…
　　あなた：a. 気が重いよね　　　b. 楽しみだよね

③アダム：海辺でバーベキューするなんて…
　　あなた：a. 気持ちよさそう！　b. 無理だよね

④クラスメート：もうすぐ卒業するなんて…
　　あなた：a. うれしいよね　　　b. さびしいよね

キャラクターを理解しましょう。

□ 棚：shelves　架子　giá, kệ
□ 整理：organizing　整理。收拾。　sắp xếp

キャラの気持ち

❶

エリック

こんなところにケーキを置いといたら悪くなっちゃうよ。
なんで冷蔵庫に入れておかないんだよ！…あー、もう、ぼくがやるよ。

❷

エリック

アダムが整理を手伝うなんて、おどろいたな。

🗨 Discussion 1

マンガ①で、食べかけのケーキがアダムのだと知って、エリックは「悪くならないように、冷蔵庫に入れておいてやるよ」と言いました。

1. 以前のエリックなら、どうしたと思いますか。
   どうしてそう思いますか。

2. エレナは、そのことばを聞いてちょっとおどろきました。
   エレナはエリックについて、どう思っていたでしょうか。

🗨 Discussion 2

マンガ②で、エリックが洗面所の棚の整理をしていたら、アダムが手伝うと言いました。

1. 以前のアダムならどうしたと思いますか。
   どうしてそう思いますか。

2. アダムに手伝うと言われて、エリックはおどろきました。
   エリックはアダムについて、どう思っていたでしょうか。

78

使いたいものがすぐに使えるように

181

😊 79 ｜ 帰ろうとしたら…

キャラクターを理解しましょう。

□ 襲う：attack　袭击。攻击。　tấn công
□ 動画：video　视频。动画。　video, hình ảnh động
□ 興味を示す：show interest　对……感兴趣　thể hiện sự quan tâm
□ 欠点：shortcoming　缺点　khuyết điểm

キャラの気持ち 🎧 79_3

❶
アダム

エレナが、ぼくが見ている動物の動画に興味を示した。なんかうれしい。

❷
エリック

エレナから「大変だったね」なんてことばを聞くとは…

📣 Discussion 1

マンガ①で、アダムが動物の動画を見ていたら、エレナが自分から「それでどうなるの？」と言いました。

1. 自分の欠点に気づく前（74課③）のエレナならどうしたと思いますか。
   どうしてそう思いますか。

2. それを聞いて、アダムはおどろきました。
   アダムはエレナについてどう思っていたでしょうか。

📣 Discussion 2

1. マンガ②で、エリックは、遅く帰った理由を聞いてエレナがどう答えると思ったのでしょうか。

   エリック：帰ろうとしたら、上司に仕事頼まれたんだよ。
   エレナ（エリックの予想）：＿＿＿＿＿＿＿＿＿＿＿＿＿＿＿＿＿＿＿＿

2. マンガ①②から、エレナは、どう変わったと思いますか。これまでのエピソードを思い出して考えてください。

だれが何と言っていると思いますか。もうわかりますね！

_____：ぼくが風呂そうじしたのに、なんで先に入るんだよ！

_____：だれが先でもいいじゃないか。そんなことで怒るなよ！

_____：困ったなぁ。ぼくはどうしたら…

□ さわぎ：commotion　吵闹。吵嚷。　sự ồn ào
□ もめる：argue　争执。闹纠纷。　tranh cãi
□ やれやれ：Good grief　哎呀呀　ối chà, ái chà
□ あいかわらず：It's always the same thing　还是老样子　vẫn

184

_____ : いったい、何のさわぎ?うるさいわねぇ。

_____ : お風呂(ふ ろ)にだれが先に入るかで、もめているみたいです。

_____ : そんなことでけんかしているの?ばかみたい。

_____ : (全員(ぜんいん)の様子(よう す)を見ながら)やれやれ、あいかわらずだな。

〈第3章〉まとめ

理解
前田ハウスの住人たちも、失敗しながら少しずつ自分自身の問題に気づき、相手に配慮したコミュニケーションが取れるようになってきました。ミシェルはおせっかいしたいのをがまんし、アダムとエリックもお互いを認め合い始めました。また、エレナは他の人の気持ちに少し気をつけるようになり、グェンも勇気を出して自分を変えることで、自信をつけ始めました。「雨降って地固まる」ということば通り、衝突を通して、5人の関係は前より深くなったようです。
…それにしても、アダムが大学の研究者だったなんて、びっくりですね。

---

3. Understanding

Though with some stumbling, the inhabitants of Maeda House gradually came to recognize their personal shortcomings and began to show more consideration for one another in their conversations. Michelle now fights the urge to butt into other people's business, and Adam and Eric have become more accepting of each other. Also, Elena tries to be a little more mindful of the feelings of others, while Nguyen musters the courage to change himself so that he can be more confident in his interactions. Just as the proverb "After a storm comes a calm" suggests, the conflicts between the housemates ultimately made their bonds stronger. That said, it came as a surprise that Adam turned out to be a former university researcher, didn't it?

---

3. 理解

　　前田公寓的各位居住者经历过失败或挫折后，渐渐地认识到自身存在的问题，从而开始考虑对方的心情而进行沟通与交流了。

　　米歇尔克制自己不再好事，阿达姆和艾利克也开始彼此认可对方。而艾莱娜有点学会考虑他人的心情了，小阮也鼓起勇气通过改变自己而开始有自信。俗话说"不打不成交"，经过冲突后，五个人的关系似乎比以前加深了。

　　……可是呢，话说回来，阿达姆居然是大学的研究员，真是令人感到意外。

---

3. Lý giải

Các nhân vật trong ngôi nhà Maeda cũng đã nhận ra vấn đề của bản thân mình trong thất bại, và họ đã thay đổi khi bắt đầu biết quan tâm đến đối phương hơn trong mỗi cuộc giao tiếp. Michel đã kiềm chế ý muốn can thiệp vào việc của người khác, Adam và Eric cũng bắt đầu chấp nhận nhau. Elena cũng đã chú ý hơn đến cảm giác của người khác, Nguyễn thì đã dũng cảm thay đổi bản thân để trở nên tự tin hơn. Đúng như câu nói "Sau cơn mưa trời lại sáng", sau những xung đột, mối quan hệ của 5 người đã trở nên sâu sắc hơn trước. ...Dù vậy thì chúng ta cũng rất ngạc nhiên vì Adam đã từng là nghiên cứu viên của trường Đại học các bạn nhỉ.

解答例

本文中の Brush up や Discussion の解答や解答例です。
答えは一つではありませんので、参考程度に確認するように
してください。
他の人の意見を聞いて、いろいろと違う考え方があることも
理解しましょう。

03 Brush up 2 ① そんなに怖くないよ／え？ホラー映画きらい？
② 和食好きだろ？／じゃ、何が食べたいの？

04 Brush up 2 ① うん、おもしろかったね。　② 10部ですね。承知しました。

05 Brush up 2 ① b　② b

07 Brush up 1 **①**も**②**も思い出したとき

08 Discussion 2 エリックは10時ちょうどに始められるように、その前に準備するのが当たり前だと思っているから。

09 Brush up 1 **1.** もう痛くない　**2.** もういらない

　　Brush up 2 　1. あたためますか。／ふくろはいりますか。

　　　　　　　　2. じゃあ、いただきます。／チョコ、苦手なんです。

10 Discussion 1 　1. ありがとう。

　　　　　　　　2. 何かをしてもらったとき。　知らない人、家族や親友以外の人に

　　Brush up 1 　1. ① ごめんなさい。　② ありがとう。

11 Discussion 2 すみません、おまんじゅうは苦手なんです。

13 Brush up 2 ① ごめん、ほんとにごめん。　② え？何の日だっけ？／あ、忘れてた。結婚記念日だ。
③ え？だめ？／じゃ、どうすればいいの？　④ すみません。

14 Brush up 2 ① a：わぁ、はきにくそう。b：うん、一度はいたら、もう脱げないね。
② a：うわっ、怖そうな人。b：ほんとだ。友だちいないだろうね。

15 Brush up 2 ① 質問　② うたがい　③ 質問

16 Discussion 1 ① 　アダム：ワインを楽しんでいる。
② 　エリック：ミシェルに強く注意したことをちょっと反省している。
　　　ミシェル：タオルをまちがえたことを反省している。

　　Discussion 2 エリック：他の人の失敗をすぐ怒る。
　　　　　　　　アダム：他の人のことをあまり気にしない。
　　　　　　　　ミシェル：他の人の気持ちを気にする。

17 Discussion 1 ① 　エレナ：どちらでもいいと思ったから、そう答えた。
② 　正子：ミシェルの返事をよろこんでいる。
　　　ミシェル：正子さんの気持ちに合わせたいと思った。

18 Discussion 1 ① 手伝いましょうか。
② 買ってきましょうか。
　　　だいじょうぶですよ。行ってきます。

　　Discussion 2 　1. 一度はことわるのが礼儀だと思っているから。

19 Brush up 2 ① a　② b

20 Discussion 2 　1. b

21 Discussion 1 ミシェル：エリックがイライラしているから、なんとかしたい。
　　　　　　　エレナ：エリックとミシェルが来ない理由をはっきりさせたい。
　　　　　　　アダム：早く食べたい。
　　　　　　　グェン：全員集合しないのが自分のせいかもしれないと心配している。

　　Discussion 2 a. エリック　b. エレナ　c. グェン　d. ミシェル　e. アダム

22 Discussion 1 b

23 Discussion 1 ① 絶対にエリックのほうが広いよ。　② 楽しむこと／お酒／旅
　　Discussion 2 片付けが苦手。／毎日楽しく生活したい。

24 Discussion 2 すぐあやまる／他の人のことをとても気にする。

25 Discussion 2　他の人の役に立ちたい。／みんなと仲良くしたい。

26 Discussion 2　とてもまじめ／きびしい／すぐ怒る

27 Discussion 2　マイペース／相手の気持ちを考えない／客観的

28 Discussion 1　a.エリック　　b.アダム　　c.グェン　　d.エレナ

29 Discussion 1　**1.** エリック：自分にも他の人にもきびしい。

アダム：明るい人。片付けがきらい。

エレナ：本を読むのが好き。協調性がない。

グェン：ちょっと暗い。きびしい人（正子さんやエレナ、エリック）が苦手。

ミシェル：やさしい。前田ハウスの人たちみんなに気を使う。

　　　　　　　　　2. ① エリックはよくアダムを怒るがアダムはあまり気にしていない。

② グェンは、やさしくしてくれるミシェルがいちばん話しやすい。

③ エレナは正子に何か聞かれると、思ったことをそのまま話して、ときどき正子は、その言い方に腹を立てる。

30 Brush up 2　**1.** ① 心配　　② 怒り

31 Discussion 1　感じ方は人によって違うので正答はありません

　　Discussion 2　**1.** エリック：質問しない　アダム：質問した　正子：質問しない
　　　　　　　　　　理由：きびしい人が苦手だから

　　　　　　　　　2. エリック：自分で調べろよ。

アダム：ぼくもわからないよ。

正子：自分で調べないと、覚えないわよ。

32 Brush up 2　① そうだね。あぶないから気をつけなきゃ。

② うん。いろいろ選べて助かるね。

34 Brush up 1　**1.** ① 塩をかけて食べてみて。（おすすめ）　② 気をつけて。（注意）

　　　　　　　　　2. いやな気持ちになる

　　Brush up 2　① へぇー、飲んでみようかな。　② はい、すぐにしたくします。

35 Brush up 1　①b　②a

　　Brush up 2　① 先生に相談してみたら？　② 何かおいしいもの買って、みんなで食べようよ。

36 Brush up 2　① ミシェル：たりなかったら、貸してあげるよ。　グェン：ありがとう。

② 同僚：やさしい人がいいな。　グェン：そうだね。

37 Discussion 1　**1.** 教えてあげたのに、そのことばを受け取らないから。

　　　　　　　　　2. そうですね。そろそろ準備します。

　　Discussion 2　a ええ、おいしいですよね。　b そうらしいですね。　c ありがとうございます。後でつけ直します。

38 Discussion 1　自分の考えが正しいと思う人／相手の話を聞かない人／決めつける人

　　Discussion 2　え？ぼく（私）じゃけどありませんけど、開かないんですか。

　　Discussion 3　正子さんがこわいから／言い返したらもっと何か言われると思ったから。

39 Discussion 1　**1.** グェンの親切を受け止めないこと

　　　　　　　　　2. ぼく使っているけどすごくいいよ

　　Discussion 2　正子さんが話しかけてくるときは、注意されることが多いから。

40 Brush up 2　① いいね。私も行きたい。　② そうかな。大変だと思うよ。

③ ひどい言い方。だます人が悪いんだから。

41 Brush up 2　① うん、ちょっと。　②うん、頭痛くて。　③うん、失言したらしいよ。

42 Brush up 2　① じゃ、もう帰ろうか。　② もう少しがんばろうよ。

③ ほんとだ。きれいになったね。

43 Brush up 2　① また練習すれば大丈夫だよ。　②気をつけてね　③ほんと、いやになるよね。

44 Brush up 2　① がんばっていれば、いいことあるよ。　② グェンもやってみたら？

45 Brush up 2　① ほんとだ。すごいね。　② 駅でアナウンスしてもだめなんだよな。

47 Brush up 1　1.① a　② b

　　Brush up 2　1.① これ、おもしろいかも。　② あれ？携帯（けいたい）がないかも。　③ 意外（いがい）といい人かも。

　　　　　　　2.① 青（あお）のほうがいいかも。　② そんなに心配（しんぱい）ならあやまったほうがいいかもね。

48 Brush up 2　① だめじゃないか！期限（きげん）を守（まも）らなくちゃ。　② だめよ！食べる前に手を洗（あら）わなくちゃ。

　　　　　　　③ もう寝（ね）なくちゃ。　④ 買って来なくちゃ。／買っておかなくちゃ。

　　Discussion 1　ちゃんとやってるよ！

49 Discussion 1　アダム c　エレナ d

　　Discussion 2　1.① うるさいな。後でふいとくよ。　② ごめんごめん。今きれいにするよ。

　　　　　　　2.① そんなことは飲んだ人に言えば？　② ほんと、そうだよね。

50 Discussion 2　最近（さいきん）、びんのふたや風呂（ふろ）そうじのことでいろいろ言われて、人と話すのがいやになっているから。

51 Discussion 1　1.① できないことを考（かんが）えても意味がないでしょ。

　　　　　　　　② そんな話をしても時間のむだじゃない？

　　　　　　　2.エレナの印象：感じ方は人によって違うので正答はありません。

　　Discussion 2　エリック：早（はや）くしないからだよ。

　　　　　　　グェン：残念（ざんねん）だったね。

　　　　　　　アダム：また探（さが）せばいいじゃないか。

53 Discussion 2　自分（じぶん）の非（ひ）を認（みと）めながらも相手（あいて）の良くないところを冷静（れいせい）に説明（せつめい）する。「すてたのは悪（わる）いけど、みんなが使（つか）う場所（ばしょ）だから片付（かたづ）けてほしいよ。」「ぼくも悪いけど、エリックもね。」など。

55 Discussion 1　そんなことないよ。なんかいやなことでもあったんじゃない？

　　　　　　　だれだって落（お）ち込（こ）むことがあるでしょ？

56 Discussion 2　1.ミシェルに言われなくてもわかっているから。／余計（よけい）なお世話（せわ）だと思（おも）ったから。

　　　　　　　3.ありがとう。後でやるからだいじょうぶ。

57 Discussion 2　3.ミシェル、洗濯物（せんたくもの）ありがとう。でも、洗濯物（せんたくもの）にはだれにもさわられたくないから、もう気を使（つか）わないでね。

　　　　　　　アドバイス：もっとやさしい言い方で、やめてほしい理由（りゆう）を伝（つた）えたほうがいい。

58 Discussion 2　1.グェン：好きなことをしていてうらやましい。

　　　　　　　エリック：自分勝手（じぶんかって）で無責任（むせきにん）

59 Brush up 1　1.① a　② b

　　Brush up 2　① うん、やってないみたいだね。　② それはぼくのだよ！

60 Discussion 1　1.ソフトの使（つか）い方（かた）をエリックが教（おし）えてくれなかった。（57課（か））

　　　　　　　洗濯物（せんたくもの）をたたんであげたのに、エレナにさわらないでと言われた。（57課（か））

　　　　　　　テレビを見ていたアダムに、ドラマの人みたいでおせっかいと言われた。（58課（か））

　　　　　　　2.エリックとエレナは、わかった。アダムは悪気なく言ったので、気づいたかどうかわからない。

　　　　　　　3.だれもミシェルをきらってないよ。

62 Discussion 1　1.おせっかいをやめようと思（おも）ったから。

　　　　　　　2.だいじょうぶ？薬（くすり）持（も）ってきてあげる。

　　Discussion 2　① おせっかいをやめたんじゃない？　② だれかに相談（そうだん）してみたら。

63 Discussion 1　課長（かちょう）が苦手（にがて）でこわいから。

　　Discussion 3　・このあいだの件（けん）なんですが

　　　　　　　・どこがわかりにくいか教えていただけないでしょうか。

　　　　　　　・ありがとうございました。もう一度（いちど）考（かんが）えてみます。

64 Discussion 1　1.きびしい人

65 Discussion 1　1.相手（あいて）の気分（きぶん）をこわしたくないから。　2.感じ方は人によって違（ちが）うので正答（せいとう）はありません。

　　Discussion 2　① 気が進（すす）まないならことわってもいいよ。　② スピーチは緊張（きんちょう）するからね。

66 Discussion 1　エリック a　　　グェン b

　　Discussion 2　a エリック　　　b ミシェル　　　c アダム　　　d グェン

67 Discussion 2　感じ方は人によって違うので正答はありません。

68 Brush up 1　① 冷蔵庫に入れなきゃだめでしょ。　② 自分の部屋に持っていきなさい。

　　　　　　　③ 使ったら閉めて　④ 見ないなら消しなさいよ

　　Brush up 2　① すみません。すぐ持っていきます。／今出かけるところです。

　　　　　　　② あ、忘れてた、早く干さなきゃ。

　　　　　　　③ ごめん。急いでたんだ。／片付けてくれたの？ありがとう。

71 Discussion 1　やっぱりエリックからは何も言って来ないかなぁ。／ぼくから先に声かけるの？いやだなぁ。

　　Discussion 2　なんか…うれしい。／そうかな、大丈夫かな。

72 Brush up 2　1.① うんざり　② 満更でもない　③ 満更でもない

　　　　　　　2.① おつかれさま、大変だったね。

　　　　　　　　② やっぱり、エリックはすごいなぁ。

　　　　　　　　③ いいワイン？うらやましいな。／何、それ自慢？

73 Discussion 1　① アダム：ミシェルの態度が今までと違うので、驚いている。

　　　　　　　　ミシェル：自分が変わったことをわかってほしいと思っている。

　　　　　　　② エリック：自分のアドバイスを聞いてグェンがやる気になったことをよろこんでいる。

　　　　　　　　グェン：エリックにいい報告ができたことをうれしく思っている。

　　Discussion 2　ボタンをつけてあげること／人の世話をすること

　　Discussion 3　自分を変えたいから／いろいろ経験しようと思ったから

74 Discussion 1　1.② エリック：正子さんに「べき」を使って、失敗したと思っている。

　　　　　　　　　正子：エリックに「べき」と言われて、ムッとしている。

　　　　　　　　③ エレナ：建造さんの助言を聞いて、自分の弱点に気づいた。

　　　　　　　　　建造：エレナの成長を見守りたい。

　　　　　　　2.「べき」を使う相手を間違えたこと

　　Discussion 2　ミシェル：若いから　アダム：きびしくないから　グェン：気が弱いから。

　　Discussion 3　① 他の人と協力して仕事するのが苦手だから。

　　　　　　　　② 他の人の気持ちを大事にする／共感力を高める

75 Brush up 2　1.① うれしい・楽しみ　② 残念　③ 不安

　　　　　　　2.① あのカフェで？いいなぁ。　② え？本当？さびしくなるな。　③ え、やりたくないの？

76 Brush up 2　① 本当？なんで!?　② ほんと!?ちょっと見に行こうよ。

　　　　　　　③ 本当？うれしい。　④ ひどい！いつから？　⑤ ああ、ゆううつ！

77 Brush up 2　1.①a ②a ③a ④b

78 Discussion 1　1.怒ってそのままにしておくか、すててしまう。

　　　　　　　　アダムが片付けないことにきびしいから。

　　　　　　　2.エリックはアダムに親切にしない。

　　Discussion 2　1.手伝わない。片付けがきらいだから。

　　　　　　　2.そうじや片付けがきらい。

79 Discussion 1　1.興味を示さずに立ち去る。

　　　　　　　　前にアダムがネコが立っているテレビを見てよろこんでいたとき共感しなかったから。／

　　　　　　　　エレナは他の人の気持ちをあまり考えない人だから。

　　　　　　　2.他の人と一緒に楽しまない。／自分が好きなことをいちばん大事にする。

　　Discussion 2　1.しょうがないね。会社員なんだから。

　　　　　　　2.相手の気持ちを考えるようになった。

80 会話の順番　左ページ上から　エリック、アダム、グェン　　　右ページ上から　正子、ミシェル、エレナ、建造

キャラクターと学ぶ　リアル日本語会話

発行日	2021年10月20日（初版）
	2023年10月13日（第2刷）
著者	山本弘子・松尾恵美・増田アヤ子（カイ日本語スクール）
編集	株式会社アルク日本語編集部・株式会社エンガワ
翻訳	ジョン・マクガバン（英語）
	顧　蘭亭（中国語）
	Do Thi Hoai Thu（ベトナム語）
デザイン・DTP	洪　永愛（Studio H2）
イラスト	坂井美咲
前田ハウス見取り図	前田正英
録音・編集	クリエイティブKikka 渡邊努
ナレーション	茜月祐衣香・秋山由喜雄・雨澤祐貴・大山尚雄・平桜子・辰井洋介・都さゆり
印刷・製本	図書印刷株式会社
発行者	天野智之
発行所	株式会社アルク
	〒102-0073　東京都千代田区九段北4-2-6　市ヶ谷ビル
	Website：https://www.alc.co.jp/

落丁本、乱丁本は弊社にてお取り替えいたしております。Webお問い合わせフォームにてご連絡ください。
https://www.alc.co.jp/inquiry/